61

Merve Verlag

Mikrophysik der Macht

Michel Foucault

Über Strafjustiz, Psychiatrie und Medizin

Merve Verlag Berlin

Wir danken unserem Freund Walter Seitter für sein Engagement beim Zustandekommen dieses Bandes.

1 Berlin 15, Postfach 327, Printed in Germany. Druck und Bindearbeiten: Dressler, Berlin. Umschlagentwurf: "Betrieb", Köln.

ISBN 3-920986-79-2

INHALT

7 Daniel Defert/Jacques Donzelot
Die Schlüsselposition der Gefängnisse

16 Gruppe "Gefängnis-Information"
Auch die Gefängnisse...
Dossier über die Welt der Einkerkerung

23 Die beiden Toten Pompidous

28 Die Rede von Toul

31 Räderwerke des Überwachens und Strafens

48 Von den Martern zu den Zellen

54 Über Attica

68 Verbrechen und Strafen in der Sowjetunion und anderswo

83 Die gesellschaftliche Ausweitung der Norm

89 Hexerei und Wahnsinn

93 Medizin und Klassenkampf

102 Vorladung im Palais de Justice

105 Macht und Körper

114 Die Macht und die Norm

124 Die fröhliche Wissenschaft des Judo

131 Statt eines Schlußworts

Bei dem in diesem Band häufig erwähnten letzten Buch von Michel Foucault handelt es sich um: "Überwachen und Strafen. Die Geburt des Gefängnisses". Übersetzt von Walter Seitter. Frankfurt/Main 1976

DANIEL DEFERT/JACQUES DONZELOT
DIE SCHLÜSSELPOSITION DER GEFÄNGNISSE

Es käme den Gefangenen zu, eine Bilanz über das, was in den Gefängnissen von 1968 bis 1976 geschehen ist, zu ziehen. Bleibt demnach nur die Beschreibung des plötzlichen Einbruchs der Gefängnisse auf der politischen und theoretischen Szene? Das würde mehr als einen Artikel erfordern. Wir beschränken uns hier auf ein Darlegen der Verbindung zwischen der Nach-Mai-Bewegung und der geschlossenen Welt der Gefängnisse, 1971-1972, wobei das Gewicht dieser Verbindung darin lag, daß während dieser Phase die Bewegung der Jugendlichen sich mit der der Gefängnisse identifizierte. Diese Verbindung konstituiert in unseren Augen jetzt eine Schlüsselepisode der Nach-Mai-Geschichte, und zwar den Augenblick, da sich eine Transformation der politischen Intelligenz abzeichnet. Wie es jedesmal der Fall ist, wenn man in einen allzu eingeschliffenen Mechanismus jenes Element wiedereinführt, dessen Ausschluß für das Abschnurren der Diskurse und Apparate notwendig scheint.
"13. Mai 1968. Heute habe ich eine Ratte in meiner Zelle gesehen." Diese Tagebuchseite eines Gefangenen aus der Santé mahnt uns an das, was jeder nach dem Sturm bemerkte: die Bewegung des Mai holte sich zwar von der Sorbonne bis Billancourt die revolutionären Weihen, hatte dabei jedoch weder einen Blick für die Gefängnisse, noch für die Kasernen, noch für die anderen heißen Bereiche, die den Stoff der Chroniken des Nach-Mai bilden.
Die Verbindung zwischen den Linksradikalen und den Gefangenen kam, ohne Zweifel, dank der Inhaftierungen zustande. Eine ganze Masse von jungen "Flippis" hatte dem Mai und seinen militanten Studenten ein gutes Andenken bewahrt. Die Linksradikalen Le Bris und Le Dantec kamen für ein Jahr, Geismar für 18 Monate hinter Gitter. Alle eingesperrten Militanten verbündeten sich spontan mit den "gemeinen Gefangenen". Die Genossen der Gruppe "Vive la Révolution" waren die ersten, die Flugblätter machten, die im Knast zirkulieren konnten. Insgesamt wurden über zweihundert Linksradikale vor Gericht gestellt, mehr als hundert davon wurden, verstreut über ganz Frankreich, eingelocht.
Paradoxerweise mußte, damit man innerhalb des Linksradi-

kalismus die Frage der Gefängnisse entdecken konnte, erst der Status des politischen Gefangenen beansprucht werden. 1970 fühlte sich die "Gauche prolétarienne" bemüßigt, eine politische Verfassung für ihre gefangenen Militanten zu fordern, um sich gegen Hetzkampagnen zur Wehr setzen zu können und um den politischen Sinn ihrer Methoden und Aktionen zu verdeutlichen. Nicht nur, daß diese politische Verfassung die Macht zwang, einzugestehen, daß sie bestimmte Oppositionelle einkerkerte, sie erlaubte außerdem den Militanten, in Kontakt zu ihren Organisationen zu bleiben, und zwar indem man sich auf zwei Grundrechte berief: auf das Recht auf Information und auf das Recht auf Versammlungsfreiheit, Rechte, die auf den normalen Knastbetrieb tatsächlich desorganisierend wirken können.
Der erste Hungerstreik der inhaftierten Maoisten im September 70 stieß auf ein eher schwaches Echo. Kein Wunder, wenn der Justizminister Pleven daraufhin glaubte, er könne den neueingelieferten Gefangenen die durch die Streikenden erkämpften Rechte vorenthalten.
Um diese Rechte zu garantieren, lancierte die "Gauche prolétarienne" von Januar auf Februar 71 einen neuen Hungerstreik, der just dann begann, als die Lebensmittel aus den "Weihnachtspaketen", die so ein bißchen ein winterliches Fest für die Gefängnisse darstellen, erschöpft waren: so gut schienen die Linksradikalen also den Anstaltskalender schon zu kennen.
Die Unterstützung dieses Streiks von außen läßt sich aus den Angriffen auf die Polizeikommissariate, den Kundgebungen vor den Haftanstalten, den Hungerstreiks in der Chapelle Saint-Bernard de Montparnasse, in der Sorbonne, in Champigny, Amiens, Aix, Lille, Nice ablesen.
Am 7. Februar 71 widmeten alle Tageszeitungen ihren Leitartikel den Gefängnissen. Am 9. Februar folgten dem Aufruf der "Roten Hilfe" mehr als viertausend Linksradikale, die sich prinzipiell gegen Gefängnisse aussprachen. Die Verhaftung von Guiot brachte die Oberschüler auf die Beine.
Am 9. Februar 71 : das Gleiche. Pleven annonciert die Bildung einer Kommission mit dem Auftrag, "eine Spezialverfassung für Gefängnisse" auszuarbeiten; der Terminus "politische Verfassung" kann so vermieden werden. Die Hungerstreikenden fordern, daß diese Kommission sich mit den Problemen des Strafvollzugs insgesamt beschäftigen solle.

Am gleichen Tag kündigen Michel Foucault, Jean-Marie Domenach und Pierre Vidal-Naquet die Gründung der Gruppe "Gefängnis-Information" (G.I.P.) an. Damit war ein neuer Typ der Auseinandersetzung mit den Problemen des Strafvollzugs geschaffen. Gewisse Intellektuelle, selbsternannte Revolutionäre ebenso wie Demokraten - Studenten, junge Lehrer - haben die G.I.P. angegriffen. Die G.I.P. war eine Bewegung von Intellektuellen, Leute haben sie gegründet, die sich ganz der bürgerlichen Gesellschaft widmen und die ihr Prestige bewußt in die Waagschale werfen. Neues zeichnete sich beim Volkstribunal von Lens ab, wo, neben Sartre, Ingenieure und Grubenärzte an der Seite der silikoseverseuchten Bergarbeiter auftraten und Zeugnis ablegten, wobei sie sich auf ihre soziale Praxis, nicht auf ihren Namen als Schriftsteller beriefen. Über solche Dinge hinaus, versucht sich die G.I.P. um Gefangene und Ex-Gefangene, um Verwaltungsbeamte, Rechtsanwälte, Gefängnisärzte zu sammeln, um alle die, die imstande sind, persönliche Aussagen über die Gefängnisse zu machen, und die durch den Druck der Protestaktionen mehr und mehr in eine Krise geraten. Weiter, der berühmte Brief an Pompidou von einer Psychiatrie-Ärztin in Toul, der Dr. Rose, der einschlug wie eine Bombe, zahlreiche örtliche Denunziationen zur Folge hatte, und Überlegungen der persönlichsten Art auslöste; in Lyon konstituiert sich 73 die "Multiprofessionelle Gruppe für Fragen des Strafvollzugs", gegen die der Richterverband zunehmend eine offensive Position vertritt, Radikalisierungen, wo eine die andere vorantreibt. Unsere Form der Rekrutierung, die auch von anderen Gruppen (G.I.S., G.I.A. etc.) übernommen wurde, und unsere Form der Taktik hatten, ohne daß wir anfangs darauf gefaßt waren, mehrere Konsequenzen, die uns in den Geruch einer revolutionären Bewegung brachten.

Die Begriffe, die eine große Beweglichkeit erlauben und den politischen Charakter unserer Interventionen garantieren sollten: daß es sich sowohl in den Fabriken wie in den Gefängnissen um den gleichen Kampf der Klasse gegen die Macht handelte, daß man den Widerstand der Delinquenten und den der kämpfenden Arbeiter gegen die kapitalistische Organisation der Arbeit zusammenschließen müsse - mit dieser ganzen Codierung konnte man in der Praxis wenig anfangen. Jene Theorie vom Kontinuum der Volksresistan-

cen wurde von beiden Seiten verworfen, ohne daß man dieses Phänomen in die Termini marxistischer Ideologie übersetzen oder auf das gute alte Phantom des Lumpenproletariats zurückgreifen konnte. Übrigens auch mit der alten anarchistischen Codierung, die bei den Linken im Gefängnis noch immer sehr lebendig ist, gelang es uns nicht, die Techniken der Macht und der Disziplinierung, die die Delinquenten produzieren (und nicht umerziehen) und ihre soziale Funktion sichern, zu umschreiben. Natürlich leitete sich unsere militante Praxis von den Praktiken der Maoisten vor den Fabriktoren ab, aber statt eine politische Pädagogik zu entwickeln, statt eine Bewußtwerdung zu fördern, begnügen wir uns damit, Mittel zur Eroberung des Wortes, Instrumente des Kampfes zu liefern.
Wir waren keine Forschungskommission, wir zielten darauf ab, Informationen über die Gefängnisse zu stimulieren und zu verbreiten, denn das Schweigen, in das sie sich hüllen, ist eine der Bedingungen ihrer Machtausübung und der in ihnen produzierten Gewalt. Im Mittelpunkt stand für uns die Frage: haben sie das Recht dazu?Denn im Gefängnis hat alles, wodurch sich ein Rechtsanspruch des Gefangenen geltend machen könnte, zensiert, verboten - ohne daß dieser juristisch abgeschafft ist.
Es gibt nur einen autorisierten Diskurs über das Gefängnis: den über die Psychologie des Straftäters. Dieser wird, fest in den Händen der "Fachleute", aufmerksam, mutig geführt. Doch gibt es daneben einen anderen Diskurs über die Hierarchie, die Spaltung, die Willkür, die Gewalt, über die permanente Enteignung des Körpers, die Technik des Strafvollzugs. Dieser kann von der Macht und ihren Agenten nicht toleriert werden, einzig der Gefangene kann ihn führen.
Im Mai 71 erlaubt Pleven, unter dem Titel des Provisorischen und Experimentellen, die Zulassung von Zeitungen in den Gefängnissen. Dies ist vielleicht einer der klarsten Siege der Bewegung; die Strafvollzugsbediensteten werden ihn uns nicht verzeihen. Im September: Attica. In der Nacht vom 21. auf den 22. September nehmen Buffet und Bontems, während eines sorgfältig eingefädelten Streiks der Aufseher von Clairvaux, eine Krankenwärterin und einen Aufseher als Geisel. Diese Idee einer Geiselnahme war am 16. Mai 70 in der Haftanstalt von Clairvaux aufgekommen,

als der Ausbruchsversuch von sechs Gefangenen von einigen Wärtern mit einer unerhörten Brutalität verhindert worden war. Aber Buffet und Bontems hatten "schlechte Geiseln" erwischt und außerdem auf eigene Rechnung. Ein blutiges Zwischenspiel, von dem die Gewerkschaften der Aufseher profitierten, um wieder Boden unter die Füße zu bekommen. Der Kampf im Innern der Gefängnisse eskaliert: Bambule der aufsässigen Gefangenen in Fleury-Merogis, am 10. Oktober Plevens Zirkular zur Verstärkung der individuellen Überwachung; am 12. November Abschaffung der Weihnachtspakete: damit platzt die Bombe.
Die ständige Anwesenheit von Militanten der G.I.P. vor den Gefängnistoren hatte zahlreiche Familien von Gefangenen mobilisiert, die auf eigene Faust politische Aktionsformen entwickelten, wobei sie die soziale Minderwertigkeit, die ihnen durch Bürokratie und öffentliche Meinung auferzwungen wurde, abschüttelten. Der Angriff auf die moralistische Ideologie und die Repressionen, die sie nach sich zieht und die nicht von seiten der Macht kamen, zählt zu den wichtigsten Aspekten des Nach-Mai. Es zeigt sich aber auch, daß eine simplistische Gegenüberstellung von bürgerlicher Ideologie und proletarischer Ideologie nicht mehr funktioniert. Auch "die Widersprüche im Volke" müssen bekämpft werden.
Am 11. November hält die G.I.P. ein meeting ab, wo zum ersten Mal Familien von gemeinen Gefangenen zu Wort kommen, und zwar trotz der Verlegenheit zahlreicher Militanten, die sie zu wenig proletarisch fanden. In ganz Frankreich beginnt eine Unterschriftenkampagne für die Weihnachtspakete: am 4. Dezember tragen die Familien die Unterschriften ins Justizministerium. Ein erschütternder Brief von Jean Lacombe, eingekerkert in der Santé, ist auch unter den zahlreichen Blättern. In Poissy veranstalten die Gefangenen eine Kundgebung. Am 5. Dezember, abends, verweigern zweihundert Gefangene in der Centrale Ney de Toul, in ihre Zellen zurückzukehren. Eine neue Phase der Gefängnisbewegung hat begonnen: die Gefangenen stehen nun selbst an der Rampe.
Neu ist nicht, daß Gefangene revoltieren, sondern daß sie eine Struktur vorfinden, in der sie gehört und unterstützt werden. Die daraus folgende Zuversicht vereinigt im Innern der Gefängnisse die Mehrheit der Gefangenen zu einer

Bewegung, trotz der blutigen Sanktionen, auf die sie regelmäßig stoßen.
Essen unterliegt im Gefängnis keinem Zwang; arbeiten, ja. Der Hungerstreik gilt als Protest, der Arbeitsstreik, der am 7. Dezember in Toul beginnt, gilt als Insurrektion. Von den Dächern schreien die Gefangenen den Journalisten zu "sprecht mit Pleven", auf die Mauern schreiben sie "es lebe die Revolution". Die Gefangenen von Charles III in Nancy werden vom 15. Januar sagen: "das war der Tag der Revolution". Toul war keine blindwütige Meuterei, dafür gibt es keine Anhaltspunkte, aber man müßte eine politische Lehre durchlaufen, um sie ganz zu ergründen: es war ein kollektiver Prozeß, der in Stufen eskalierte, der klare und bestimmte Ziele hatte und in dem sich außerdem gewisse archaische Rituale des Volksaufstandes kundtaten, die fortschreitend das Phänomen des "reinen-Tisch-machens" hervorbrachten, das sich in einer systematischen Destruktion aller Objekte ausdrückte, nicht unähnlich den "Großreinemachen-Aktionen" des Nach-Mai.
Der Winter 71-72 bringt rund dreißig Revolten. Die "Rote Hilfe" organisiert auf den Marktplätzen fast in ganz Frankreich Unterstützung und Information, man sieht, wie immer mehr ehemalige Gefangene, die keine Scheu mehr haben, sich kenntlich zu machen, spontan das Wort erobern. Der Kampf wird um die eigene Würde geführt. "Le Monde" veröffentlicht ein Stellengesuch, das genau präzisiert: "Kein unbeschriebenes Blatt, vorbestraft". In den Straßen von Paris, von Nancy finden Demonstrationen zur Unterstützung der revoltierenden Gefangenen statt. Ein neuer Slogan floriert, entstanden aus dem Bemühen, sich der Bevölkerung verständlich zu machen: "Wer Brot stiehlt, landet im Knast; wer eine Million stiehlt, kommt ins Palais Bourbon".
Bei den Debatten auf der Straße gibts Schwierigkeiten. Offensichtlich wird die anarchistische Auffassung, daß ein Rechtsbruch ein politischer Akt sei, nicht überall akzeptiert. Übrigens hat die G.I.P. damit nichts zu tun, sie propagiert so etwas nicht. Sie versucht, in ihren Debatten auf den Justizapparat zu kommen: das Gefängnis als das privilegierte Instrument einer Justiz, die auf Ungleichheit beruht; nicht alle Delikte werden dort geahndet, das gleiche Delikt führt nicht jedermann hinter Gitter; wer zur Bourgeoisie gehört, kann sich Schwerverbrechen psychiatrisch begründen lassen;

Vorstrafen machen die Wirkung des Gefängnisses nur für das Proletariat definitiv; die Justiz wendet sich nicht an herausragende Außenseiter, sondern vollzieht in einer genau umrissenen sozialen Schicht eine Ausscheidung, um die Außenseiter auf eine Weise zu überführen, daß das ökonomische Problem der Delinquenten und das ideologische Problem des Delinquenzaktes negiert wird; die sozialen Kontrollen sind selektiv.
Wie kann man die Probleme, die das Eingeschlossensein ausschließen soll, an die Gesellschaft zurückgeben, wie kann man das Eingeschlossensein als eine Ökonomie der Machtausübung zeigen, die nicht nur auf den Staat, sondern auch auf die Familien der Delinquenten bezogen ist? Das war es, was wir einen Winter lang auf den Agoras des Volks zu diskutieren versuchten. Das Mißtrauen der Arbeiter gegenüber den Gefangenen entspringt keinem Klassenunterschied zwischen beiden, sondern es ist das Werk disziplinierender Mechanismen, die die ganze Gesellschaft durchziehen. Die Bilanz der Gefängnisbewegung in der Sprache von Reformismus scheint uns das zu verbergen, was wirklich im Spiel war.
Die von Pleven versprochene Reform währte außerdem kurz genug. Nachdem sie am 20. September 72 öffentlich bekannt gemacht worden war, versieht sie all die winzigen Verbesserungen, die sie zugesteht, mit einem "im Rahmen des Möglichen". Bereits am 8. Juni 72 schließt Philippe Bouchet, der die Gefängnisbewegung stets aufmerksam verfolgte, seinen Bericht in "Le Monde" über den Prozeß der sechs Meuterer von Nancy mit dem Satz: "aber wer kümmert sich jetzt noch um die Gefängnisse?"
Und wirklich, die "Rote Hilfe", der eigentliche Resonanzboden all dieser Volksbewegungen des Nach-Mai, siechte dahin, während des Sommers 72 löste sie sich auf.
Nun kehrte sich das "reinen-Tisch-machen" gegen die Gefangenen selbst. Sie zertrümmerten nicht mehr länger Mauern und Dächer, sie brachten sich um. Der Rekord im Herbst 72: siebzehn Selbstmorde am Ende des Sommers, siebenunddreißig im ganzen Jahr (der vorangegangene Rekord des Jahres 68: sechsundzwanzig Selbstmorde). Durch irgendeine Zeitung war der Selbstmord eines Gefangenen bekannt geworden. Und ebenso, wie sich im vergangenen Winter die Hungerstreiks ausgebreitet hatten, so verbreiteten sich jetzt

die Selbstmorde. Beispielsweise der kleine Thierry Huriez, dessen Mutter man skandalöserweise eingesperrt hatte; dann die kleinen Händler von Montrueil...
Entlassene Gefangene beschließen nach den Revolten, die Aktion zur Unterstützung der Gefängnisbewegung draußen selbst in die Hand zu nehmen und gründeten das "Comité d'Action des Prisonniers"(C.A.P.), dessen erste Zeitungsnummer am 5. Dezember 72, zum Jahrestag der Revolte von Toul, erschien. Sie machen weiter, aber mit welchem Echo?
Selbst wenn den Gefängnissen heute, gemessen an der Zahl der Mitglieder, und der Bewegung, die sich aufgelöst hat, kein wirkliches Gewicht mehr zugesprochen wird, so bleiben sie dennoch auf dem ideologischen Feld der extremen Linken präsent.
Wenn der G.I.P. in der Geschichte des Nach-Mai so etwas wie eine Schlüsselrolle zukommt, so aufgrund ihres Funktionsmodus, aber auch aufgrund der Art der Einschreibungen, die von ihr ausgingen. Was uns am meisten frappierte, war die Mischung aus Gewalt und Brüchigkeit des Gefängnisapparates. Die Gewalt behandelt den Gefangenen als außerhalb-des-Rechts stehend. Sie hat nichts von Willkür an sich, da sie ja die Machtausübung zu erleichtern beabsichtigt. Dabei eliminiert sie durch das Gefängnis eine ganze Serie von Problemen, die in der Gesellschaft gestellt werden: Jugendarbeitslosigkeit, Wohnverhältnisse etc. Indem sie im Gefängnis all das eliminiert, was aus dem Gefangenen ein Subjekt seiner Rechte machen könnte, schafft sie es, zu vermeiden, daß er bei der Gefängnisleitung Einspruch erhebt, indem er sagt: "da ihr behauptet, ich sei gefährlich, und ihr mich deshalb einschließt, gebt mir wenigstens die Mittel, die mir übrigens auch sonst überall verweigert wurden, um etwas anderes aus mir zu machen". Indem das Gefängnis eine Population von abgestempelten Delinquenten erzeugt, transformiert es soziale Probleme in Probleme der verstärkten Überwachung und in ein gesellschaftliches Verlangen nach Repression. Die Funktionsweise des Polizei-Justiz-Gefängnis-Apparates gestattet eine "ökonomische" Ausübung der Macht und induziert die objektive Notwendigkeit ihrer Ausweitung.
Die Brüchigkeit zeigte sich immer dann, wenn man nachweisen konnte, daß ein solcher Apparat andere Dinge trieb, als er vorgab zu treiben. Ein paar Dutzend Studenten, die vor

die Gefängnistore liefen und für die Gefangenen und ihre Familien als Subjekte ihrer Rechte und ihrer Erfahrungen waren, genügten, um im Justizministerium eine Panik auszulösen und die Kriminaltechnologen in eine Krise zu stürzen. Beweis dafür, daß der Strafvollzug nur dann ausgeübt werden kann, wenn seine Operationen geheim bleiben. Beweis, daß das technische Wissen nur aufrechterhalten werden kann in einer reinlichen Trennung von dem Objekt seines Diskurses. Beweis für uns, daß der Kampf nicht gegen die bürgerliche Ideologie des Rechts, sondern auf der Ebene der Materialität der Machtausübung zu führen ist. Es gibt keine Ideologie, die das Bewußtsein übertölpelt und die Wahrnehmung der ökonomischen Ausbeutung verfälscht. Es gibt eine "ökonomische" Machtausübung, die die Macht des Ökonomischen aufrechterhält. Den Preis dieser Ausübung muß man der Macht untragbar machen, indem man das denunziert, was wir nicht zu tolerieren bereit sind.
Ideal wäre es gewesen, alle die Probleme, die im Gefängnis weggeschlossen wurden, im sozialen Raum, in den Stadtvierteln aufbrechen zu lassen, kurz, das Gefängnis außer Kraft zu setzen. Dafür wäre eine Verpflanzung in die Vorstädte nötig gewesen, was die Krise des Parteibegriffs unmöglich gemacht hat. Man erkannte in der Parteiform mehr und mehr eine nicht akzeptable Art und Weise der Rekonstruktion oder Wiedereinführung von Macht. Aber dieser Verzicht hatte seine Vorteile.
Das Nicht-Tolerieren aller Formen einer Macht-Reproduktion hatte sich auch bei den Spezialisten der Verwaltungsorgane gezeigt: bei den Ärzten, den Verwaltungsbeamten, den Sozialarbeitern, den Therapeuten etc. An Stelle der Partei ist ein Spiel von Relais und wechselseitigen Stützpunkten zwischen den kritischen Elementen eines jeden dieser Berufe entstanden. Daraus eine Bilanz zu ziehen, wäre allerdings eine andere Geschichte.

Aus dem Französischen von Gerburg Treusch-Dieter

AUCH DIE GEFÄNGNISSE...
Dossier über die Welt der Einkerkerung
Ein Film, realisiert von der Gruppe "Gefängnis-Information"

"...es gibt die, die zustimmen...
und die, die verweigern...
hier ist der Bruch..."

Januar 1972, Revolte im Gefängnis von Nancy

Auf der ersten Seite der Abendzeitungen: die Silhouetten der Dächer sind von Transparenten durchbrochen. GEGENÜBER DEN DÄCHERN die Zuschauermenge. ZWISCHEN BEIDEN die Umfassungsmauer des Zentralgefängnisses. Und die Helme der Ordnungskräfte.
Einige Monate später werden sechs Gefangene zu Rädelsführern der Revolte erklärt und verurteilt.
Alter: 20 JAHRE
Beruf: ARBEITER, HANDWERKER, ARBEITSLOSE
Auf der Straße Befragte, die "an jenem Tag" unterwegs waren, sagen: "Die Zeitungen, prima...so ists richtig", oder "diese Leute da, alles Arbeiter...haben sicher geklaut, aber ...", oder aber: "ich hätte ein Maschinengewehr genommen. Je mehr Gefangene, desto mehr Gefängnisprobleme..."
Die hier als Zielscheibe dienen:
WER SIND SIE?
WOHER KOMMEN SIE?
Sechs Zeugenaussagen - von vier Männern, zwei Frauen - alles ehemalige Gefangene - die um drei Fragestellungen kreisen.
WER KOMMT INS GEFÄNGNIS UND WIE?
DAS GEFÄNGNIS, WAS IST DAS, WIE WIRD ES ERLEBT?
WARUM ÜBERHAUPT GEFÄNGNIS?
Dazu erklären, eingeschlossen in die gleiche Logik, Aufseher: "UNSERE ROLLE/IST ES/DIE GESELLSCHAFT/ZU SCHÜTZEN". Wen oder was schützen, gegen wen und wie.
Im Zentrum des ersten Teils steht die Aussage eines nach Paris gekommenen, dort vom "Komitee ehemaliger Gefangener" versorgten Jungen, der die Etappen seiner Lebensgeschichte, die ihn bereits zweimal hinter Gitter führte, erzählt: Arbeitssuche - Geldprobleme - Isolation - Versuchungen - erster Diebstahl - erste Inhaftierung - Entlassung -

Obdachlosenasyle - Strafregister - zweite Inhaftierung. Rings um ihn entstehen andere Lebensgeschichten: Jacquot - 2 Jahre Lehre, dann: "ich mache nicht mehr mit. ICH WEIGERE MICH, FÜR EINEN CHEF ZU ARBEITEN. Ich war soweit, lieber jeden Abend was knacken, als für einen Chef arbeiten." Evelyne - 18 Jahre, 9 Monate in la Roquette : "schon mit zwölf - WARTETE ICH, HOFFTE ICH AUF ETWAS ANDERES, als das, was ich rings um mich sah, DIESES NICHTS ...", und: "Als ich aus dem Gefängnis raus war, war mein Sohn 6 Monate. Was kann eine Frau schon machen. Entweder stehlen, oder auf den Strich gehen. Ich habe gestohlen - aber dieses Mal für mich".

All diese Fäden laufen hinter den Mauern zusammen, welche die rigirose Geometrie der Einkerkerung ins Herz der Stadt einschneiden. Da uns vom Gefängnis die erzählt haben, die es ERLEBT haben, haben wir vom Gefängnis nur TOTE BILDER - die einzigen Spuren einer erstarrten Welt, in der die Untersagung die einzige Form der Unterredung ist. In diesem zweiten Teil haben wir darum mit stummen Bildern eine Unterredung geführt.

Das Gefängnis, was ist das?

Welt des Mangels, der Abwesenheit
"Am Anfang sagte ich mir, DAS IST NICHT MÖGLICH - zwei Jahre eingeschlossen hier, zu essen das, was man uns hinstellt - unmöglich, jemand wird kommen, dich holen, wird irgendetwas machen. Und dann GESCHAH NICHTS..." - "Nein. lieber kein Besuch...nach einem Besuch brauch ich zwei Tage um mich wieder einzukriegen...ich war nahe dabei ALLES ZU VERGESSEN"..."In Fleury MACHT MAN NICHTS...man geht im Kreis...bei mir kam es vor, daß ich bis zu dreihundertmal die Runde in meiner Zelle gedreht habe..."

Welt des Erstickens, der Abhängigkeit
"Es ist wie in der Schule...man straft uns wie Kinder..." - "man wird eingeschlossen, das ist alles...IHR SEID HIER, UM BESTRAFT ZU WERDEN..."

Welt der Spaltung und der Arbeit
Denn das Gefängnis ist auch eine Fabrik. Eine Fabrik ohne Lohn - oder zu einem derart lächerlichen, daß er der Arbeit den einzigen Sinn raubt, den sie noch für sich in Anspruch nehmen kann. Eine Fabrik ohne Arbeitslosigkeit, ohne Streik.

"Ich sage, man arbeitet mehr als draußen, und besser. Denn wir, wir müssen, ES IST WIE SKLAVEREI... will man leben, überleben... denn IN EINEM GEFÄNGNIS IST NICHTS UMSONST".
Zwangsarbeit, Verpflichtung zur Leistung für die, die draußen versuchten, ihr zu entkommen. Eine Fabrik mit der gleichen autoritären Hierarchie, den gleichen Machtverhältnissen wie draußen, nur zur Karikatur erstarrt. "Der Gefangene ist egoistisch, doch wird er durch das System zum Egoisten gemacht. ÜBER SEINEM KOPF BAUMELT STETS ETWAS, EINE KLEINE GNADE, EINE BEVORZUGUNG... und wenn sich die Gefangenen versammeln wollen, gleich ist die Aufsicht da, um sie zu trennen..." Schlußfolgerung der Aufseher: "Jede kollektive Handlung muß als Rebellion, als Meuterei betrachtet werden. Das ist normal. Wäre das nicht so, bräuchte man ihnen ja nur noch die Schlüssel zu geben..."

Das Gefängnis - wozu dient es?

"Setz einen Jungen ins Gefängnis. Er arbeitet, Hilfsarbeiter für 4 fr. die Stunde. Wenn er rauskommt, welche Chance hat er? Hilfsarbeiter für 4 fr. die Stunde... Alle Türen schliessen sich vor dir, du spürst wie dein Leben vertan ist... DIE GEFÄNGNISSE... SIE SIND IN WAHRHEIT DIE ABFALLEIMER DER GESELLSCHAFT...".
Abfalleimer, in dem sich die Zwänge und Widersprüche des gesellschaftlichen Systems verschärfen und konzentrieren.

TEILUNG ZWISCHEN DEN KLASSEN: "Im Gefängnis herrscht ein Klassenkampf. Hier ist der, der Geld hat, er kann groß auftreten, und hier ist der Kleine, der nichts hat und der unten bleibt. Für die Aufseher und für die Mitgefangenen." Teilungen zwischen den Individuen: "Die Aufsicht weiß genau, wer stark ist und wer schwach, und sie nutzt dies aus..." Der Kleine gegen den Schwachen, und alle zusammen gegen den Homosexuellen." Die Päderastie, das ist das rote Tuch... Der Homo, man läßt ihn Frondienste leisten, beutet ihn aus ..."

Das Gefängnis - Garant der Normalität - aller Normalitäten

"Jetzt arbeite ich. Ich arbeite 60 Stunden in der Woche. Ich arbeite nachts, ich glaube ich werde es schaffen..."

Dieser hat gelernt. Die anderen, die nicht kapieren, BLEIBEN AUSSERHALB, IM GHETTO, "Früher fielen mir Leute auf, die Probleme wegen ihrer Hautfarbe, wegen ihrer Rasse hatten... Jetzt fallen mir Leute auf, die Probleme mit ihrem Strafregister haben. Man trifft immer dieselben Leute. Heute SIND MEINE FREUNDE ALLES EHEMALIGE GEFANGENE..."

Arbeits-Gefängnis, Gefängnis-Arbeit

Das eine verbunden mit dem anderen, wie die zwei Glieder einer Gleichung, deren Lösung im reibungslosen Ablauf der sozialen und ökonomischen Maschinerie besteht.
Das Gefängnis - die Karikatur der Fabrik, die Karikatur der Kollektivität. Muß nicht das Gefängnis unerträglich sein, damit die Fabrik und die Gesellschaft erträglicher werden?

Der Film geht dieser Fragestellung draußen - unter Arbeitern - weiter nach. Zwei Gruppen werden angesprochen: eine Gruppe von gewerkschaftlich Organisierten und eine Gruppe von Jugendlichen, die als angelernte Arbeiter (O.S.) bei RENAULT CLEON arbeiten. Gibt es eine Verbindung zwischen den Revolten der Gefangenen und denen im Betrieb? Zwischen der Besetzung der Werkhallen und der Verwüstung der Zellen?
Sind - für die Arbeiter - die Gesichter, die auf den Dächern des Gefängnisses von Nancy zu sehen waren, Gesichter von Arbeitern? Oder waren es die von "anderen" Leuten, die einen anderen Weg gewählt haben.
Welche Bedeutung hat für den ehemaligen Gefangenen die Sprache der Werkhallen, der Meister, des Arbeitstempos, der Prämien, der Forderungen?
Zur Trennung Gefängnis/Straße, zur Trennung Häftling/Häftling, zur Trennung Häftling/Arbeiter tritt offensichtlich noch eine weitere Trennung, die alles durcheinanderbringt und sich in der Fabrik selbst durchsetzt. Die Jugendlichen von Cleon sagen: "Man kann nicht mehr von Arbeitersolidarität sprechen. ES GIBT DIEJENIGEN, DIE ZUSTIMMEN, UND DIEJENIGEN, DIE VERWEIGERN. Da befindet sich unsereins auf der Seite der Knastbrüder. Zwar bringt ein Einbruch eigentlich gar nichts, wenn es sich um Kies für dich allein handelt und du immer das Geld im Kopf hast. ABER HIER

IST DER BRUCH."
Der durch 150 Jahre ökonomische Entwicklung und soziale Errungenschaften unterbrochene Dialog zwischen "anständigem Proletariat" und "Unterwelt", wird er von Dach zu Dach, von Transparent zu Transparent, von Verweigerung zu Verweigerung wieder aufgenommen? In welchen Worten? Und um welche Worte zu erfinden, welche Sätze zu formulieren?

* * *

Die Gruppe "Gefängnis-Information" (G.I.P.) hat sich Anfang 1971 um Michel Foucault, Jean-Marie Domenach, Pierre Vidal-Naquet herum gebildet.
"WARUM DIESER FILM ? DIE GIP BEABSICHTIGT NICHT, FÜR DIE GEFANGENEN DER VERSCHIEDENEN GEFÄNGNISSE ZU SPRECHEN; SIE BEABSICHTIGT IM GEGENTEIL, IHNEN DIE MÖGLICHKEIT ZU GEBEN, SELBST ZU SPRECHEN, ZU SAGEN, WAS IN DEN GEFÄNGNISSEN PASSIERT...WIR WÜNSCHEN, DASS DIE GEFANGENEN DAS SAGEN KÖNNEN, WAS IM SYSTEM DES STRAFVOLLZUGS UNERTRÄGLICH IST," schrieb die G.I.P. in der ersten von ihr publizierten Broschüre "Umfrage in zwanzig Gefängnissen."
Um es klar zu machen:
Die G.I.P. verstand sich nicht einfach als Sprachrohr des autonomen Ausdrucks der Gefangenen, sondern als ein Werkzeug, damit jener sich bilden konnte; denn in der inneren Organisation des Gefängnisses bis hin zu seiner Abtrennung von der Außenwelt ist ALLES DAZU BESTIMMT, DIE GEFANGENEN AUF IHR SCHWEIGEN ZU BESCHRÄNKEN!

Auf dieser Basis machten wir uns im Herbst 1971 an die Realisation des Films. Es wurde uns verboten, auch nur irgendein Gefängnis in Frankreich zu betreten. Schlimmer, bereits das Fotografieren oder Filmen eines Gefängnisses von außen stellte uns vor zahlreiche Hindernisse. Wir haben daraufhin monatelang ehemalige Gefangene ausfindig gemacht, Männer und Frauen, deren Situation die der Mehrheit der Gefangenen war, und die, im Wissen um mögliche Folgen, bereit waren, auszusagen, DAS HEISST, DIE BEREIT WAREN, DAS RISIKO DER ÖFFENTLICHEN ANPRANGERUNG DER LEBENSBEDINGUNGEN, DENEN SIE UNTERWORFEN WAREN, AUF SICH ZU NEHMEN, AUS EINSICHT

IN DIE NOTWENDIGKEIT, DASS DAS, WAS SIE ERLEBT HATTEN, BEKANNT WERDEN MÜSSE.
Zwei Tatsachen allerdings brachten uns dazu, diese erste Konzeption des Films zu modifizieren und zu ergänzen.
Während des ganzen Jahres 1972 erschütterte eine SERIE VON REVOLTEN fast alle Gefängnisse Frankreichs. Über ihre materiellen Forderungen hinaus, bestanden die Gefangenen auf der Achtung vor ihren individuellen Rechten und auf der Anerkennung ihrer kollektiven Rechte. Der Widerhall dieser Revolten riß die seit Jahrzehnten aufgerichteten Mauern des Schweigens um die Gefängnisse nieder, provozierte in der Öffentlichkeit ausführliche Debatten zu diesen Problemen.
Die G.I.P. fing an, ihre eigenen Überlegungen zu vertiefen, dabei gelangte sie zu einer Ausweitung des Films, insbesondere wurden Elemente zu dem Verhältnis: Welt des Knasts/ Welt der Arbeit eingeführt.
Trotz all dieser Elemente haben wir dennoch, in permanenter Zusammenarbeit mit der G.I.P., einen Film gemacht, der vor allem ein ENSEMBLE VON ZEUGENAUSSAGEN ist.
Wir trafen gleich zu Anfang eine sichere Entscheidung: das zu vermeiden, was man gemeinhin das "Milieu" nennt; ein dicker Schläger, ein unerledigter Fall... Die erdrückende Mehrheit, die die Zellen füllt, sind Jugendliche (unter dreissig), die aus durchschnittlichen Verhältnissen stammen, und die wegen Diebstahls verurteilt sind. DIESE MEHRHEIT DRÜCKT SICH IN DEM FILM AUS. Dabei war es ebensowenig unsere Absicht, durch klug ausgewählte Beispiele eine soziologische Studie über die Mechanismen des Strafvollzugs und die "Probleme" der Inhaftierung durchzuführen. Bevor es ein "Problem" ist, IST DAS GEFÄNGNIS EINE ALLTÄGLICHE, TAUSENDEN VON INDIVIDUEN AUFERLEGTE WIRKLICHKEIT - die exakten Regeln folgt. Davon gingen wir aus - alles Sensationelle wiesen wir zurück. Der Film behauptet weder eine erschöpfende Analyse der "Welt" des Gefängnisses zu sein, noch will er eine Galerie von Porträts vorstellen, am allerwenigsten versucht er die gesammelten Aussagen zur Untermauerung eines vor aller Erfahrung existierenden, rigiden politischen Beweises zu nutzen. Im Gegenteil, gerade die Disparatheit der aufgenommenen Diskurse, ihre inneren Widersprüche und wechselseitigen Bezüge sollen im Zuschauer Reflexionen über die Gründe und den End-

zweck der Gefängnisse in unserer Gesellschaft auslösen. Denn das sind die Fragen, die von etlichen Gefangenen selbst aufgeworfen werden. Wenn wir uns an der Realisation eines Films, der ausgehend von der Beschreibung der Welt des Knasts in solchen Fragen mündet, beteiligt haben, dann deshalb, DAMIT DIE GEFANGENEN SICH SELBST ORGANISIEREN, UM IHRE EIGENEN UNTERSUCHUNGEN ZU PUBLIZIEREN ODER IHRE EIGENEN FILME ZU REALISIEREN!

Aus dem Französischen von Gerburg Treusch-Dieter

DIE BEIDEN TOTEN POMPIDOUS

[Redaktionelle Vorbemerkung des "Nouvel Observateur": Mit der Gerechtigkeit ist es vorbei. Drei Mal haben die Richter - und, unter ihnen, der oberste Richter Frankreichs, Georges Pompidou -, indem sie das Gesetz anwandten, bewiesen, daß unsere Institutionen ungefüg, unmenschlich, monströs waren... Schlimmer noch: ungerecht. Da hat es zunächst den Prozeß von Bobigny gegeben. Eine Mutter und ihre "Komplizen" verurteilt - mit der Heuchelei der Bewährung, gleichwohl aber verurteilt - dafür, eine Abtreibung durchgeführt zu haben. Die allerhöchsten moralischen und wissenschaftlichen Autoritäten dieses Landes sind in den Zeugenstand getreten, um zu bestätigen, daß ihre Tat kein Verbrechen war. Aber das Gesetz ist das Gesetz: mit der Gerechtigkeit ist es vorbei. Das war am 22. November 1972. Dann war da der Selbstmord eines vierzehnjährigen Jungen. Seine Mutter war im Gefängnis und er hielt es nicht länger aus, daß seine Klassenkameraden zu ihm sagten: "D e i n e M u t t e r i s t e i n e D i e b i n !" Sie war keine. Sie hatte lediglich einen Wechsel über 75 Francs nicht beglichen. Vier Monate Gefängnis. Das ist viel? Das ist das Gesetz. Mit der Gerechtigkeit ist es vorbei. Das war am 25. November 1972.
Schließlich sind zwei Männer im Hof eines französischen Gefängnisses getötet worden. Ihnen ist der Kopf abgeschlagen worden. Das ist der Text des Gesetzes selbst. Ein Gesetz, das ein Mann, Georges Pompidou, hätte auslöschen können, indem er von seinem Begnadigungsrecht Gebrauch gemacht hätte. Er hat es nicht getan. Claude Buffet und Roger Bontems sind tot, guillotiniert. Das war am 29. November, um 5 Uhr.
Das war eine Woche der "Gerechtigkeit à la française".]

Es gibt einen Mann, der in Auteuil wohnt und der in der Nacht von Montag auf letzten Dienstag einemillionzweihunderttausend Francs (ca. 6.7oo,-DM) verdient hat. Monsieur Obrecht hat zweimal an der Schnur gezogen: sechshunderttausend alte Francs für einen in einen Korb springenden Kopf.
Das gibt es noch, das macht einen Teil unserer Institutionen aus, versammelt um seine Zeremonie die Richterschaft, die Kirche, die bewaffneten Polizisten und, im Schatten, den

Präsidenten der Republik - kurz alle Gewalten: es gibt da etwas physisch, politisch Unerträgliches.
Aber die Guillotine ist in Wahrheit nichts als der sichtbare und triumphierende Gipfel, die rote und schwarze Spitze einer hohen Pyramide. Das gesamte Strafsystem ist im Grunde auf den Tod hin ausgerichtet und wird von ihm regiert. Ein Urteilsspruch entscheidet nicht, wie man glaubt, über Gefängnis o d e r Tod; sondern wenn er das Gefängnis vorschreibt, dann fügt er ergänzend immer als Möglichkeit hinzu: den Tod. Ein Junge von achtzehn Jahren erhält sechs Monate für ein oder zwei gestohlene Autos: das bedeutet Fleury-Mérogis, mit Isolierung, Untätigkeit, dem Megaphon als einzigem Gesprächspartner. Es genügt, daß er keine Besuche bekommt, oder daß seine Verlobte aufhört, ihm zu schreiben; einziger Ausweg: mit dem Kopf gegen die Mauern oder das Hemd zusammengedreht, um zu versuchen, sich aufzuhängen.
Da bereits fängt das Wagnis an, die Eventualität, schlimmer, die Versuchung, der Wunsch des Todes, die Faszination durch den Tod. Mit der Entlassung wird es das Strafregister geben, die Arbeitslosigkeit, den Rückfall, den unbegrenzten Wiederbeginn bis zum Ende, bis zum Tod. Nämlich in jedem Falle bis zum Zuchthaus für zwanzig Jahre oder auf Lebenszeit - "lebenslänglich", wie man sagt. "Lebenslänglich" oder "zum Tode", die beiden Formeln bedeuten dasselbe. Wenn man sicher ist, da nicht mehr herauskommen zu können, was bleibt dann noch zu tun? Wenn nicht den Tod riskieren, um sein Leben zu retten, sein Leben riskieren, selbst zum Preis des Todes. Was Buffet und Bontems getan haben.

Das Gefängnis ist keine Alternative zum Tod, es bringt den Tod mit sich. Ein und derselbe rote Faden durchläuft diese ganze Strafinstitution, die angeblich das Gesetz anwendet, es tatsächlich jedoch suspendiert: hinter den Toren des Gefängnisses regieren die Willkür, die Drohung, die Erpressung, die Schläge. Gegen die Gewalt des Gefängnispersonals haben die Verurteilten nichts mehr als ihre Körper, um sich zu verteidigen, und nur noch ihre Körper zu verteidigen. Um Leben oder Tod, nicht um "Besserung", geht es in den Gefängnissen.
Denken wir über folgendes nach: man wird im Gefängnis be-

straft, wenn man sich hat töten wollen; und wenn das Gefängnis es müde ist, Dich bestraft zu haben, tötet man Dich.

Das Gefängnis ist eine Todesmaschine, die, mit der Affäre von Clairvaux, zwei mal zwei Tote produziert hat. Und man muß daran denken, daß Buffet einst durch die Legion hindurchgegangen ist, diese andere Maschine, in der man ebenfalls dic schreckliche Äquivalenz des Lebens und des Todes lernt.
Man hat sich gesagt: Pompidou wird Buffet töten lassen - die harte Seite -, er wird Bontems begnadigen - die weiche Seite. Nun, er hat alle beide exekutieren lassen. Warum?

Blutgerüst für die Wahlen? Ohne Zweifel. Aber wahrscheinlich nicht, weil 63% der Franzosen, gemäß dem Demoskopie-Institut I.F.O.P., für die Aufrechterhaltung der Todesstrafe und des Begnadigungsrechts sind. Es ist zweifellos viel schlimmer; würden die Zahlen sich umgedreht verhalten haben, würde er, glaube ich, dasselbe getan haben. Er hat zeigen wollen, daß er ein Mann der Härte und der Unversöhnlichlichkeit sein kann, daß er, wenn nötig, auf extreme Mittel zurückgreifen wird; daß er nötigenfalls bereit ist, sich der gewaltsamsten und reaktionärsten Elemente zu bedienen. Zeichen einer möglichen Orientierung. Zeichen einer bereits getroffenen Entscheidung eher als Treue zur geläufigen Majorität der Nation. "Soweit gehe ich, wenn es erforderlich ist." Diesem ersten Kalkül hat ein anderes sich hinzugefügt. Das folgende, resümiert in drei Sätzen:
1) Wenn allein Buffet exekutiert worden wäre, wäre er erschienen als der letzte Guillotinierte. Mit ihm, nach ihm, kein anderer mehr. Von da an wäre die Maschine blockiert gewesen. Und infolgedessen wäre Pompidou der letzte gewesen, der sie in Gang gesetzt hätte. Bontems erlaubt es, unbegrenzt weiter zu machen, seine Exekution generalisiert von neuem die Guillotine.
2) Bontems ist nicht für einen Mord, sondern für Mittäterschaft verurteilt worden. Seine Exekution richtet sich in der Tat an alle Inhaftierten: "Wenn Ihr mit einem Komplizen irgendetwas gegen die Strafvollzugsbehörde unternehmt, wird man Euch für alles, was geschehen kann, zur Rechenschaft ziehen, selbst wenn Ihr es nicht getan habt." Kollekti-

ve Verantwortlichkeit. Die Verweigerung der Begnadigung geschieht hier im Geist der Notstandsgesetzte (loi anticasseurs).

3) Unleugbar hat Buffet einiges beigetragen zur Verurteilung von Bontems. Er riskiert es also, als mitverantwortlich für dessen Exekution zu erscheinen - das mindestens ist das offizielle Kalkül. "Regen Sie sich nicht auf über diesen Buffet, er hat seinen Komplizen mit in den Tod gerissen; die miese Welt der Strolche mit ihrem Haß und ihrem Verrat manifestiert sich noch dort in dieser doppelten Exekution." Pompidou ist nicht der Einzige, der Bontems getötet hat.

Derart ist ohne Zweifel das Kalkül gewesen. Hoffen wir, daß es vereitelt werden wird und daß dafür bezahlt werden muß!

Aber ich spreche so, als wären nur die beiden Verurteilten und der Präsident auf der Szene gewesen, als wäre es nur um die Rechtsprechung allein gegangen. In Wahrheit ist da drittens die Strafvollzugsbehörde, und der Kampf, der sich heute in den Gefängnissen abspielt.

Man weiß um den Druck, der von den Gewerkschaften der Aufseher ausgeübt worden ist, um diese doppelte Exekution zu erreichen. Ein Verantwortlicher der C.G.T. hat von einem Plan gesprochen, der für den Fall vorbereitet war, daß diese Exekution ihrem Verlangen nach Vergeltung nicht zugestanden worden wäre. Man muß wissen, wie die Atmosphäre in der Santé letzten Montag war: Pompidou kam gerade aus Afrika zurück; die Exekutionen finden traditionell am Dienstag statt, dem Tag ohne Besuche. Man wußte also, daß es in der Nacht sein würde. Ein junger Aufseher hat vor Zeugen gesagt: "Morgen gibt's Kopfsalat." Aber noch vor ihnen haben Bonaldi (F.O.) und Pastre (C.G.T.), ohne zur Ordnung gerufen zu werden, gebieterische und blutige Erklärungen abgegeben. Einmal mehr ist die Strafvollzugsbehörde über das Recht hinweggegangen. Sie hat vor dem Prozeß und vor der Begnadigung ihr eigenes "Recht" beansprucht und sie hat es durchgesetzt. Sie hat das Recht zu strafen lautstark gefordert und wahrnehmen dürfen, sie, die nichts als die Pflicht haben soll, klar die Strafen anzuwenden, deren Prinzip, Maß und Kontrolle anderen obliegen. Sie hat sich etabliert als eine Staatsgewalt und der

Staatschef hat seine Genehmigung erteilt.
Weiß er nicht, daß diese Gewalt, die er abgesegnet hat, heute von allen Seiten bekämpft wird, von den Inhaftierten, die dafür kämpfen, daß die Rechte, die ihnen noch verblieben sind, respektiert werden; von den Richtern, die sich dazu verstehen, die Anwendung der Strafen, die sie verhängt haben, zu kontrollieren; von all denen, die nicht länger das Spiel noch den Mißbrauch des repressiven Systems hinnehmen.

Zwischen Buffet und Bontems und der Mutter einer Familie, die einen Wechsel unbezahlt läßt, gibt es nichts Gemeinsames. Das ist wahr. Und trotzdem hat ihnen "unser" repressives System sein gemeinsames "Maß" aufgezwungen: das Gefängnis. Das einmal mehr den Tod gebracht hat, für die Männer und für ein Kind.
Wir klagen das Gefängnis des Mordes an.

Aus dem Französischen von Hans-Joachim Metzger

In Toul hat vergangenen Donnerstag Frau Dr. Rose, Psychiater am Gefängnis, gesprochen. Was hat sie gesagt? Viele Dinge, die man ahnte und jetzt weiß: daß Menschen tagelang an Füßen und Fäusten ans Bett gefesselt werden; daß es beinahe jede Nacht Selbstmordversuche gibt; daß zwischen Strafen und Beruhigungsmitteln, Züchtigungen und Injektionen regelmäßig abgewechselt wird (o beruhigende Moral der Tranquilizers!); daß Autodiebe in lebenslängliche Delinquenten umgewandelt werden.
Aber hören wir darauf, wie sie das sagt. Sie sagt nicht: die Fixierung ist im Gefängnis und im Asyl seit jeher üblich; das Vollzugspersonal hat sich davon nicht gelöst. Sie sagt nicht: es gibt zu wenig finanzielle Mittel, also zu wenig Personal, also zu wenig Überwachung, darum Brutalitäten und Willkür. Sie hält sich nicht beim Elend der Strukturen auf. Sie sagt: "An diesem Tag, an diesem Ort war ich da und habe gesehen; in diesem Augenblick hat mir jemand gesagt...und ich habe ihn gehört; ich habe diesen Antrag gestellt, und der Direktor hat mir folgendes geantwortet, und ich bezeuge es unter Eid." Hören wir auf das Zittern dieser Stimme, die nicht mehr zaudert; es handelt sich um eine einzigartige Stimme, wie man sie im Bereich des Gefängnisses noch nie gehört hat.
Unsere Institutionen tun aufgeregt, wenn sie von innen kritisiert werden; aber sie finden sich damit ab; sie leben damit: das ist ihre Koketterie und ihre Heuchelei. Sie werden jedoch unduldsam, wenn einer ihnen den Rücken kehrt und nach außen ruft: "Das habe ich hier und jetzt gesehen; das passiert hier; das ist das Ereignis." Erinnern wir uns an den Algerien-Krieg. Daß die Armee gefoltert hat, durfte man nicht drucken; aber man wußte es, man sagte es. Etwas anderes war es, wenn jemand rief: "Der Kapitän X hat Y gefoltert; er hat so und so viele Leichen aus seinem Kommissariat geschafft." Wer dieses Risiko auf sich nahm, setzte sein Leben aufs Spiel. Ich glaube nicht, daß das Leben von Frau Rose in Gefahr ist. Aber ich höre schon, wie die Verleumdungskampagne in Gang kommt. Man wird sagen: Erstens handelt es

sich um bedeutungslose Anekdoten, um "einfache Tatsachen". Zweitens: Es handelt sich um eine Denunziation, die unmoralisch ist. Drittens: So etwas ist ausschließlich Sache der Journalisten.
Man sollte genau auf das achten, was Frau Rose erzählt. Was verbirgt sich in den einfachen Tatsachen - oder vielmehr: was kommt darin ans Tageslicht? Die Böswilligkeit des einen oder die Unregelmäßigkeit des andern? Kaum. Sondern die Gewaltsamkeit der Machtverhältnisse.
Die Gesellschaft tut alles, um die Blicke aller von allen Ereignissen abzulenken, welche die wahren Machtverhältnisse verraten. Die Behörden sprechen nur in Tabellen, Statistiken und Kurven; die Gewerkschaften sprechen von Arbeitsbedingungen, Bilanzen, Investitionen, Beschäftigungszahlen. Hier wie dort will man das Übel nur "an der Wurzel" pakken, d.h. dort, wo niemand es sieht oder spürt - weit weg vom Ereignis, vom Spiel der Kräfte und vom Akt der Beherrschung.
Hier hat der Psychiater von Toul geredet. Frau Rose hat die Spielregeln verletzt und das große Tabu gebrochen. Sie, die in ein Machtsystem integriert war, hat nicht dessen Funktionieren k r i t i s i e r t, sondern das b e i m N a m e n g e n a n n t, was darin passierte, was darin passieren sollte - an dem und dem Tag, an jenem Ort, unter jenen Umständen.

Größer als der Anstoß ist die Beherrschung. Ein gewisses Schweigen hat sich um diese Stimme herum ausgebreitet. Und ein verlegenes Zaudern. Es mußte erst einmal alles wieder an seinen richtigen Platz gerückt werden. Es mußte die n o r m a l e Information wieder in ihre Rechte eingesetzt werden. Es mußte dafür gesorgt werden, daß diejenigen vom Ereignis sprechen, die damit beauftragt sind; daß diejenigen Kritik üben, die dazu befugt sind. Alles, was Frau Rose gesagt hat, wurde in den Zeitungen wieder "zurechtgerückt": in einigen Artikeln wurden die Tatsachen selber gebracht, als wären es anonyme Informationen oder Untersuchungsergebnisse; anderswo kamen sorgfältig zitiert die Passagen, in denen die Mängel der Institutionen, die Psychosoziologie der Häftlinge, die Situation der Wärter erörtert werden.
Aber diese Stimme, die "ich" sagt? Diese Frau, die schon durch ihr Wissen "zur Macht gehört" und den einzigartigen Mut hatte zu sagen: "I c h h a b e g e s e h e n, i c h h a b e

gehört."? Diese Litanei, die sich durch den Text zieht: "Ich schwöre es, ich bezeuge es, ich bin zu jeder Gegenüberstellung bereit."? Das alles ist unter den Tisch gefallen. Aber gerade das sollte man lesen und - zum ersten Mal - erkennen. Die "Rede von Toul" ist vielleicht ein wichtiges Ereignis in der Geschichte der Straf- und Heilanstalten.
Noch eines. Die vom Justizminister bestellten Kommissare haben Frau Rose vernommen. Sie haben stärksten Druck auf sie ausgeübt. Als ob es diesen Männern nicht darum ginge, die Wahrheit zu wissen, sondern das Gesagte auszulöschen: "Schwören Sie, daß die fixierten Häftlinge während der Mahlzeiten nicht losgebunden wurden? Haben Sie es gesehen?" Und der Hochwürdige Herr Gefängnisgeistliche ist wiederholt in sie gedrungen: "Es ist sehr schwerwiegend für einen Arzt, wenn er schwört, ohne gesehen zu haben!" Frau Rose hatte nicht bezeugt, daß sie gesehen hatte, sondern daß sie wußte. Sie wußte, weil ein Wärter gesagt hatte: "In gewissen Fällen haben wir ihnen eine Hand losgebunden." Ein anderer hatte darüber ausgesagt: "Das brachte uns Zeitverlust." Und die Krankenschwester sagte vor Zeugen: "Jedenfalls hat man sie losgebunden, wenn sie ihren Bedürfnissen nachkommen mußten." Aber der Hochwürdige Herr befand, daß man gesehen haben muß, daß man nicht einfach blindlings etwas behaupten darf. Er hat das mehrere Male, fast drohend, wiederholt.
Ich habe Frau Rose gebeten, den Hochwürdigen Herrn zu fragen, ob er mit seinen eigenen Augen den Mann gesehen hat, der zwischen den beiden Schächern an Füßen und Händen angenagelt war.

Aus dem Französischen von Walter Seitter

RÄDERWERKE DES ÜBERWACHENS UND STRAFENS
Ein Gespräch mit J.-J. Brochier

J.-J. BROCHIER: Ein Anliegen Ihres Buches über die Geburt des Gefängnisses ist es unter anderem, auf die Lücken der historischen Forschung hinzuweisen. So bemerken Sie, daß niemand die Geschichte der Prüfung geschrieben hat: niemand hat daran gedacht, so unglaublich das auch ist.
M. FOUCAULT: Ebenso wie die Philosophen und die Literaturwissenschaftler sind auch die Historiker an eine Geschichte der Gipfel gewöhnt. Aber im Unterschied zu jenen sind sie heute eher bereit, sich auch mit einem "niedrigen" Material zu beschäftigen. Seit gut 5o Jahren wird dieses plebejische Material von den Historikern ernstgenommen, weshalb die Verständigung mit ihnen nicht so schwer ist. Sie werden niemals einen Historiker sagen hören, was irgendeiner in einer unglaublichen Zeitschrift, die sich "Raison présente" nennt, bezüglich Buffon und Ricardo gesagt hat: Foucault gibt sich nur mit mittelmäßigen Leuten ab.

J.-J. B.: Wenn Sie das Gefängnis studieren, scheinen Sie das Fehlen von Material, von Monographien über dieses oder jenes Gefängnis zu bedauern.
M.F.: Zur Zeit wendet man sich wieder der Monographie zu - aber einer Monographie, die weniger als Analyse eines bestimmten Gegenstandes aufgefaßt wird, sondern als ein Versuch, die Punkte aufzuweisen, an denen sich ein Diskurs formiert hat. Wie würde heute eine Studie über ein Gefängnis oder eine psychiatrische Anstalt aussehen? Im 19. Jahrhundert hat man Hunderte davon gemacht, vor allem über die Spitäler, indem man die Geschichte der Institutionen, die Chronologie der Direktoren udgl. erforscht hat. Wer heute die Monographie eines Spitals schreiben würde, hätte das Archiv dieses Spitals in der Bewegung seiner Formierung sichtbar zu machen - als einen Diskurs, der sich entwickelt und dabei in die Entwicklung des Spitals eingreift, die Institutionen verändert und reformiert. Er würde versuchen, die Verflechtung des Diskurses in den Prozeß, in die Geschichte zu rekonstruieren, wie das etwa J.-P. Faye für den totalitären Diskurs getan hat.
Natürlich bietet die Auswahl der Textquellen ein Problem

für meine Untersuchungen. Aber es stellt sich anders als etwa bei einer linguistischen Analyse. Beim Studium eines Mythos muß man die zu analysierenden Texte genau abgrenzen und auch die Kriterien dieser Abgrenzung angeben. In dem viel vageren Bereich, den ich erforsche, ist die Textgrundlage in einem gewissen Sinn unbegrenzt: man wird niemals dazu kommen, die Gesamtheit der über den Wahnsinn gehaltenen Diskurse zu vereinigen, auch wenn man sich auf eine Epoche und ein Land beschränkt. Auf der andern Seite hätte es keinen Sinn, sich beim Studium des Gefängnisses auf die Diskurse über das Gefängnis zu beschränken. Es gibt ja auch die Diskurse, die aus dem Gefängnis kommen, z.B. die Anordnungen und Reglements, die konstitutive Elemente des Gefängnisses sind. Denn das Gefängnis hat seine Strategien, seine unausgesprochenen Diskurse und "Listen", die niemandem zugerechnet werden können, die aber gelebt werden und die Institution in Gang halten. Das alles muß gesammelt und sichtbar gemacht werden. Und die Arbeit besteht meines Erachtens eher darin, diese Diskurse in ihren strategischen Verknüpfungen sichtbar zu machen, als darin, andere davon auszuschließen.

J.-J. B.: In der Geschichte der Repression ist für Sie ein Moment entscheidend: der Übergang von der Bestrafung zur Überwachung.
M. F.: Ja. Es ist der Moment, in dem man merkt, daß es der Ökonomie der Macht zufolge wirkungsvoller und einträglicher war zu überwachen als zu strafen. Dies hängt mit der zugleich raschen und langwierigen Formierung des neuen Systems der Machtausübung zusammen, die sich im 18. und zu Beginn des 19. Jahrhunderts vollzog. Jederman kennt die großen institutionellen Umwälzungen, die zur Veränderung der Delegierung von Macht an der Spitze des Staates und damit zum politischen Systemwechsel geführt haben. Aber wenn ich von der Mechanik der Macht spreche, denke ich an die feinsten Verzweigungen der Macht bis dorthin, wo sie an die Individuen rührt, ihre Körper ergreift, in ihre Gesten, ihre Einstellungen, ihre Diskurse, ihr Lernen, ihr alltägliches Leben eindringt. Das 18. Jahrhundert hat eine Form der Machtausübung entwickelt, die nicht über den Gesellschaftskörper wirkt sondern ganz in ihm. Der offizielle Machtwechsel war auf Umwegen mit diesem Prozeß verbun-

den. Es handelt sich um einen grundlegenden Strukturwandel, der die Veränderung der kleinen Machtausübungen durchgängig ermöglicht hat. Andererseits hat die Formierung dieser neuen mikroskopischen Macht den Gesellschaftskörper auch dazu getrieben, bestimmte Elemente wie den Hof, die Person des Königs abzuwerfen. Die Mythologie des Souveräns wurde unhaltbar, sobald sich im Gesellschaftskörper eine bestimmte Form der Macht durchsetzte. Der Souverän wurde zu einer phantastischen Figur, die zugleich monströs und archaisch war.
Zwischen den beiden Prozessen besteht also eine Beziehung, die allerdings nicht notwendig ist. So gab es in England dieselben Veränderungen der Mikromacht wie in Frankreich. Aber dort wurde die Person des Königs auf Repräsentationsfunktionen abgeschoben, anstatt ausgemerzt zu werden. Man kann also nicht sagen, daß die Veränderung auf der Ebene der Mikromacht eindeutig an Veränderungen der zentralisierten Staatsinstitutionen gebunden ist.

J.-J. B.: Sie zeigen, daß das Gefängnis, sobald es sich als Überwachungsanstalt konstituiert, mit der Delinquenz seine eigene Nahrung ausscheidet.
M. F.: Meine Hypothese ist, daß das Gefängnis von Anfang an auf die Umformung von Individuen abzielte. Gewöhnlich glaubt man, daß das Gefängnis eine Art Abstellplatz für Verbrecher war, dessen Unzukömmlichkeiten sich dann herausstellten, bis man sich sagte, man müsse die Gefängnisse reformieren und aus ihnen Menschenveränderungsinstrumente machen. Das stimmt nicht. Die Texte, die Programme, die Absichtserklärungen sind da, von Anfang an. Das Gefängnis sollte ein Instrument sein, das ebenso perfektioniert und präzis wie die Schule, die Kaserne oder das Spital auf die Individuen wirken sollte.
Der Mißerfolg stellte sich alsbald ein und war von Anfang an unübersehbar. Bereits 1920 stellt man fest, daß das Gefängnis, anstatt die Kriminellen in rechtschaffene Leute zu verwandeln, nur neue Kriminelle produziert bzw. die Verbrecher noch tiefer in ihre Kriminalität hineintreibt. Von da an gab es, wie das im Mechanismus der Macht immer so ist, eine strategische Auswertung des Unzukömmlichen. Das Gefängnis produziert Delinquenten, die schließlich sowohl im ökonomischen wie im politischen Bereich nützlich sind.

So spielen die Delinquenten ihre Rolle bei der Ausbeutung der sexuellen Lust: der Aufbau der Prostitution im 19. Jahrhundert war nur mit Hilfe der Delinquenten möglich, die zwischen dem teuren Vergnügen und der Kapitalbildung vermittelten.
Ein anderes Beispiel: bekanntlich hat Napoleon III. die Macht mit Hilfe einer Gruppe errungen, die zumindest auf ihrer untersten Ebene aus gewöhnlichen Delinquenten bestand. Und wenn man sieht, mit welcher Furcht und mit welchem Haß die Arbeiter des 19. Jahrhunderts den Delinquenten gegenüberstanden, so versteht man, daß diese gegen jene eingesetzt wurden: in politischen und sozialen Kämpfen, zur Überwachung, zur Unterwanderung, zum Verhindern oder Brechen von Streiks usw.

J.-J. B.: Die Amerikaner des 20. Jahrunderts waren also nicht die ersten, die die Mafia zu derartigen Arbeiten verwendeten.
M. F.: Nein, keineswegs.

J.-J. B.: Es gab auch das Problem der Zwangsarbeit: die Arbeiter fürchteten in dieser billigen Arbeit eine Konkurrenz, die ihren Lohn drückte.
M. F.: Vielleicht. Aber ich frage mich, ob die Gefängnisarbeit nicht gerade zu dem Zweck eingeführt worden ist, um zwischen den Delinquenten und den Arbeitern diese für das Gesamtsystem so wichtige Entzweiung herbeizuführen. Die Bourgeoisie fürchtete ja gerade jene lächelnde und geduldete Gesetzwidrigkeit, die man noch im 18. Jahrundert kannte. Denn wie grausam auch die Züchtigungen im 18. Jahrhundert gewesen sein mögen, so wurden doch die Verbrecher oder zumindest einige von ihnen von der Bevölkerung durchaus geduldet. Es gab keine autonome Delinquentenklasse. Ein Verbrecher wie Mandrin wurde auf seinen Streifzügen von der Bourgeoisie und von der Aristokratie ebenso wie von der Bauernschaft empfangen und beschützt. Sobald aber durch die Entwicklung des Kapitalismus die Reichtümer in Form von Rohstoffen, Maschinen und Werkzeugen in die Hände einfacher Leute gelangten, mußte dieser Reichtum unbedingt geschützt werden. In der Industriegesellschaft muß nämlich der Reichtum nicht unmittelbar in den Händen der Besitzenden sein, sondern in den Händen derer,

die ihn durch Arbeit gewinnbringend machen. Wie kann man nun diesen Reichtum schützen? Am besten durch eine rigorose Moral: daher jene gewaltige Moralisierungsflut, die sich im 19. Jahrhundert über die Bevölkerung ergoß, und die Christianisierungskampagnen, mit denen man die Arbeiter damals traktierte. Das Volk mußte als moralisches Subjekt konstituiert werden und folglich von der Delinquenz gesäubert werden: die Gruppe der Delinquenten mußte abgesondert werden und als Quelle aller Laster und Gefahren nicht nur für die Reichen sondern auch für die Armen eingeprägt werden. Damit hängt die Entstehung der Kriminalliteratur zusammen sowie die Bedeutung der Kriminalberichterstattung in den Zeitungen mit ihren Schauergeschichten.

J.-J. B.: Wie Sie zeigen, waren die armen Schichten die Hauptopfer der Delinquenz.
M. F.: Und umso mehr hatten sie Angst vor ihr.

J.-J. B.: Andererseits rekrutierte man die Delinquenz aus diesen Schichten.
M. F.: Das große Instrument dieser Rekrutierung war das Gefängnis. Sobald jemand ins Gefängnis kam, setzte sich ein Mechanismus der Schande in Gang, und wenn er entlassen wurde, mußte er entweder wieder straffällig werden - oder er rückte zum Zuhälter, zum Polizisten oder Spitzel auf. Auf jeden Fall hat das Gefängnis die Leute professionalisiert. Hatten im 18. Jahrhundert wilde Nomadenbanden das Land durchstreift, so gab es nun das geschlossene und von der Polizei durchsetzte Delinquentenmilieu, das ein städtisches Milieu war und eine wichtige politische und ökonomische Rolle spielte.

J.-J. B.: Mit Recht weisen Sie daraufhin, daß die Gefängnisarbeit nicht produktiv ist. Darum fragt man sich, welche Rolle sie denn in der Gesamtökonomie spielt.
M. F.: In ihrer ursprünglichen Konzeption ist die Gefängnisarbeit nicht das Erlernen dieses oder jenes Berufs, sondern das Lernen der Arbeitstugend selber. Die Arbeit schlechthin, die Arbeit um der Arbeit willen, sollte den Individuen die Idealform des Arbeiters verleihen. Dieses Ziel mag eine Chimäre sein: es wurde jedenfalls von den Quä-

kern in Amerika (Schaffung der "workhouses") und von den Holländern zum Programm erklärt. Gegen 1840 ist dann klar geworden, daß man die Delinquenten nicht bessern und tugendhaft machen wollte, sondern sie in einem bestimmten Milieu sammeln wollte, das eine Waffe zu ökonomischen oder politischen Zwecken sein konnte. Nun ging es nicht mehr darum, ihnen etwas beizubringen, sondern ihnen gerade nichts beizubringen, damit sie nach dem Verlassen des Gefängnisses zu keiner Tätigkeit imstande sein würden. Die Unbestimmtheit der Gefängnisarbeit, die anfänglich einem bestimmten Ziel diente, ist nun Element einer anderen Strategie.

J.-J. B.: Was halten Sie von dem überraschenden Phänomen, daß man heute von der Delinquenz wieder zur Gesetzwidrigkeit zurückkommt und auf diese Weise die Entwicklung des 18. Jahrhunderts rückgängig zu machen scheint?
M. F.: Ich glaube tatsächlich, daß die große Intoleranz der Bevölkerung gegen den Delinquenten, die von der Moral und Politik des 19. Jahrhunderts durchgesetzt worden ist, allmählich abbröckelt. Verschiedene Formen von Gesetzwidrigkeit werden mehr und mehr akzeptiert. Und zwar nicht nur diejenigen, die in früheren Zeiten akzeptiert oder toleriert wurden - wie etwa Steuer- und Finanzdelikte, mit denen die Bourgeoisie die besten Beziehungen unterhielt. Sondern z.B. auch das Klauen in einem Kaufhaus.

J.-J. B.: Hat nicht gerade das Bekanntwerden der Steuer- und Finanzmachenschaften dazu geführt, daß sich das Verhältnis zu den "kleinen Unregelmäßigkeiten" verändert hat? Vor einer Zeit machte in "Le Monde" eine Statistik deutlich, daß die Finanzdelikte einen beträchtlichen wirtschaftlichen Schaden anrichten, aber nur mit wenigen Jahren Gefängnis sanktioniert werden, während Diebstähle (einschließlich gewaltsamer Überfälle) nur geringen Schaden verursachen, jedoch mit vielen Gefängnisjahren bestraft werden. Im Zeitungsartikel kam der Unmut über dieses Mißverhältnis klar zum Ausdruck.
M. F.: Es handelt sich um eine schwierige Frage, die zur Zeit in den Gruppen ehemaliger Häftlinge diskutiert wird. Für das Bewußtsein der Leute, aber auch für das gegenwärtige Wirtschaftssystem erweisen sich Gesetzwidrigkeiten in

einem bestimmten Rahmen als nicht kostspielig und durchaus tragbar. In Amerika weiß man, daß der Überfall ein ständiges Risiko ist, das die großen Kaufhäuser eingehen. Man schätzt seine Kosten ab und stellt fest, daß wirkungsvolle Überwachungs- und Schutzmaßnahmen zu teuer, also nicht rentabel wären. Man tut also nichts dagegen. Die Versicherungen kommen für den Schaden auf. All das gehört zum System.
Wird mit der Ausweitung solcher Gesetzwidrigkeiten die Grenze zwischen geduldetem Verstoß und entehrender Delinquenz prinzipiell in Frage gestellt - oder handelt es sich nur um eine Lockerung des Systems, das angesichts seiner Festigkeit in seinen Randzonen manches zulassen kann, was es letzten Endes gar nicht beeinträchtigt? Zweifellos findet auch im Verhältnis, das die Leute zum Reichtum haben, eine Veränderung statt. Die Bourgeoisie hängt am Reichtum nicht mehr so wie im 19. Jahrhundert. Der Reichtum ist nicht mehr das, was man besitzt, sondern das, woraus man Gewinn zieht. Die Beschleunigung und Ausweitung der Güterzirkulation, das Abgehen von der Hortung, die Praxis der Verschuldung, die geringere Rolle des Grundbesitzes führen dazu, daß die Leute am Diebstahl nicht mehr Anstoß nehmen als an Betrug oder Steuerhinterziehung.

J.-J. B.: Es gibt auch eine andere Veränderung: im 19. Jahrhundert sprach man über den Diebstahl nur verurteilend: "Er stiehlt, weil er ein schlechter Mensch ist". Heute sucht man eine Erklärung: "Er stiehlt, weil er arm ist", und man sagt auch, daß es schlimmer ist, wenn ein Reicher stiehlt, als wenn es ein Armer tut.
M. F.: Ja, wenn es nur das gäbe, könnte man optimistisch sein. Aber birgt nicht gerade der erklärende Diskurs bestimmte Gefahren? Jemand stiehlt, weil er arm ist. Bekanntlich stehlen jedoch nicht alle Armen. Damit dieser eine zum Dieb wird, muß in ihm etwas stecken, was nicht stimmt: sein Charakter, seine seelische Veranlagung, seine Erziehung, sein Unbewußtes, sein Begehren. Und damit wird der Delinquent der Straftechnologie des Gefängnisses oder der medizinischen Technologie der Heilanstalt oder sonstwelcher verantwortlicher Personen überantwortet.

J.-J. B.: Die Verbindung, die Sie zwischen Strafjustiz und

Medizin herstellen, dürfte bei einigen Leuten Anstoß erregen.
M. F.: Wie Sie wissen, konnte man vor 15 Jahren mit solchen Äußerungen noch Anstoß erregen. Die Psychiater haben mir meine Arbeit über "Wahnsinn und Gesellschaft"* bis heute nicht verziehen; erst vor wenigen Tagen erhielt ich einen Brief mit Beschimpfungen. Aber abgesehen von solchen Verwundungen und dem schlechten Gewissen, das die Psychiater seit langem mit sich herumtragen, wird eine derartige Analyse heute doch eher zugelassen.

J.-J. B.: Wie Sie zeigen, war die Medizin immer ein Hilfssystem der Strafjustiz. Und auch heute arbeitet der Psychiater mit dem Richter, dem Gericht, dem Gefängnis zusammen. Für einige jüngere Ärzte, die sich von diesen Verstrickungen zu lösen versuchten, trifft diese Behauptung vielleicht nicht zu.
M. F.: Vielleicht. In "Überwachen und Strafen" habe ich übrigens nur einige Anhaltspunkte herausgearbeitet. Ich bereite zur Zeit eine Arbeit über die psychiatrischen Gutachten vor und werde Dossiers veröffentlichen, die zum Teil ins 19. Jahrhundert zurückreichen, zum Teil jüngeren Datums sind und die verblüffend sind.

J.-J. B.: Sie unterscheiden zwei Arten von Delinquenz, die eine endet bei der Polizei, die andere in der Ästhetik: Vidocq und Lacenaire.
M. F.: Ich habe meine Analyse um 1840 enden lassen, weil mir diese Zeit sehr bedeutsam erscheint. Damals beginnt das lange Konkubinat zwischen der Polizei und der Delinquenz. Man hat das Versagen des Gefängnisses festgestellt. Man weiß, daß das Gefängnis nicht bessert, sondern im Gegenteil die Delinquenz und die Delinquenten produziert; und in dem Augenblick entdeckt man die Vorteile, die man aus dieser Produktion ziehen kann. Diese Delinquenten können zu etwas nützlich sein - und sei es nur zur Überwachung der Delinquenten. Vidocq ist sehr charakteristisch dafür. Er kommt aus dem 18. Jahrhundert, der Zeit der Revolu-

* Wahnsinn und Gesellschaft. Eine Geschichte des Wahns im Zeitalter der Vernunft. Aus dem Französischen von Ulrich Köppen. Frankfurt/Main 1969

tion und des Kaisertums, in der er Schleichhändler, Zuhälter, Deserteur war. Er gehörte zu jenen Nomaden, welche die Städte, das Land, die Armee durchstreiften und umherzogen. Es war das Verbrechertum alten Stils. Dann wurde er vom System absorbiert. Er kam ins Zuchthaus, aus dem er als Spitzel entlassen wurde. Er wurde Polizist und schließlich Chef der Polizei. Er ist der erste große Delinquent, der als solcher vom Machtapparat eingesetzt wurde. Lacenaire hingegen signalisiert ein ganz anderes Phänomen, das aber mit dem ersten zusammenhängt: das Phänomen des ästhetischen, literarischen Interesses, das man dem Verbrechen entgegenzubringen beginnt, die ästhetische Heroisierung des Verbrechens. Bis zum 18. Jahrhundert gab es zwei Arten, das Verbrechen zu heroisieren: die literarische Art, wenn es sich um ein Verbrechen eines Königs handelte und weil es sich um die Verbrechen eines Königs handelte, und dann die volkstümliche Art, die man in den Fliegenden Blättern findet, welche die Großtaten Mandrins oder eines anderen Mörders erzählen. Diese beiden Arten hatten miteinander nichts zu tun.
Gegen 1840 taucht der Kriminalheld auf, der deswegen Held ist, weil er Krimineller ist. Die Bourgeoisie schafft sich damit ihre eigenen Kriminalhelden. Eben in dem Augenblick vollzieht sich der Einschnitt zwischen den Kriminellen und dem einfachen Volk: der Kriminelle ist kein Volksheld, sondern ein Feind der armen Klassen. Das Bürgertum entwikkelt seinerseits eine Ästhetik, in der das Verbrechen nichts Volkstümliches ist, sondern zu den Schönen Künsten gehört, deren allein das Bürgertum fähig ist. Lacenaire ist der Typ dieses neuen Kriminellen. Er ist bürgerlicher oder kleinbürgerlicher Herkunft, genießt trotz des Mißgeschicks seiner Eltern eine gute Erziehung im Collège, kann lesen, schreiben. Und kann darum in seinem Milieu eine Führerrolle spielen. Bezeichnend ist die Art, in der er von den anderen Delinquenten spricht: sie sind rohe Tiere, feige und ungeschickt. Lacenaire war das helle und kalte Hirn. So entsteht der neue Held, der für alle Zeichen und Werte der Bourgeoisie bürgt. Das führt uns zu Gaboriau und zum Kriminalroman, in dem der Verbrecher immer bürgerlicher Herkunft ist. Im Kriminalroman sieht man nie einen volkstümlichen Verbrecher. Der Verbrecher ist immer intelligent und steht mit der Polizei auf gleichem Fuß. Das Amüsante

ist, daß Lacenaire in Wirklichkeit armselig, lächerlich und ungeschickt war. Er hatte immer von einem Mord geträumt, brachte es aber nie so weit. Das einzige, wozu er fähig war, waren Erpressungen von Homosexuellen, denen er im Bois de Boulogne nachstieg. Sein einziges Verbrechen richtete sich gegen einen kleinen Greis, mit dem er im Gefängnis Schweinereien begangen hatte. Und um ein Haar wäre Lacenaire von seinen Zuchthaus-Kameraden getötet worden, weil sie ihn - gewiß zu Recht - für einen Spitzel hielten.

J.-J. B.: Sie sagen, daß die Delinquenten nützlich sind. Aber für die meisten gehört die Delinquenz eher zur Natur der Dinge als zu einer politisch-ökonomischen Notwendigkeit. Denn für eine industrielle Gesellschaft scheint die Delinquenz weniger rentabel zu sein als die produktive Arbeitskraft.
M. F.: Um 1840 war die Arbeitslosigkeit eine Bedingung der Ökonomie. Arbeitskraft gab es mehr als genug.
Aber der Gedanke, daß die Delinquenz zur Ordnung der Dinge gehört, gehört zweifellos auch zur zynischen Intelligenz des bürgerlichen Denkens im 19. Jahrhundert. Man mußte so naiv sein wie Baudelaire, um sich vorzustellen, daß die Bourgeoisie dumm und ängstlich sei. Sie ist intelligent und zynisch. Man muß nur lesen, was sie über sich selbst, oder noch besser, was sie über die anderen gesagt hat.
Von der Gesellschaft ohne Delinquenz hat man am Ende des 18. Jahrhunderts geträumt. Und dann war es aus damit! Die Delinquenz war zu nützlich, als daß man den dummen und letztlich gefährlichen Traum von einer Gesellschaft ohne Delinquenz weiterträumen mochte. Ohne Delinquenz gibt es keine Polizei. Was macht denn die Anwesenheit der Polizei, die polizeiliche Kontrolle so annehmbar für die Bevölkerung - wenn nicht gerade die Furcht vor dem Kriminellen? Sie sprechen von einem überraschenden Vorteil. Die drückende Institution der Polizei, die relativ jung ist, ist nur dadurch gerechtfertigt. Wenn wir unter uns diese uniformierten Leute akzeptieren, die Waffen tragen, während wir dazu kein Recht haben, die unsere Papiere verlangen und vor unserer Haustür herumschleichen - wie wäre das möglich, wenn es nicht die Delinquenten gäbe? Und wenn es nicht jeden Tag in den Zeitungen die Artikel gäbe, in denen man uns erzählt, wie zahlreich und gefährlich die Delinquenten sind?

J.-J. B.: Sie äußern sich sehr hart gegen die Kriminologie, gegen ihren "geschwätzigen und aufdringlichen Diskurs".
M. F.: Haben Sie schon Texte von Kriminologen gelesen? Da haut es Sie um. Ich sage das nicht aggressiv, sondern erstaunt, weil ich nicht verstehen kann, wie dieser Diskurs der Kriminologen auf diesem Niveau bleiben konnte. Er scheint für das System so nützlich und notwendig zu sein, daß er auf theoretische Rechtfertigung oder methodische Konsistenz verzichten zu können glaubt. Er ist einfach ein Gebrauchsartikel. Das Problem liegt darin, warum ein anscheinend gelehrter Diskurs für das Funktionieren des Strafsystems im 19. Jahrhundert so unverzichtbar geworden ist. Er ist notwendig geworden durch das seit dem 18. Jahrhundert übliche Alibi, demzufolge die Züchtigung jemanden nicht für seine Tat bestrafen, sondern in seinem Sein transformieren soll. Von diesem Moment an hat die Verurteilung (sei es zur Enthauptung, zum Gefängnis oder auch nur zu einer Geldbuße) wegen einer begangenen Tat keinen Sinn mehr. Sobald man die Idee der Rache fallen läßt (der Rache des Souveräns, der durch das Verbrechen in seiner Souveränität angegriffen war), kann die Strafe nur noch innerhalb einer Umformungstechnologie Sinn haben. Und die Richter sind, ohne es zu wollen und ohne sich darüber Rechenschaft abzulegen, allmählich von einem Urteil mit Strafbedeutung zu einem Urteil übergegangen, das sie selber nur noch im Hinblick auf eine "Reform" des Individuums rechtfertigen können. Aber die Instrumente, die man ihnen an die Hand gibt (Todesstrafe und Galeere, heute Zuchthaus und Gefängnis), reformieren bekanntlich gar nicht. Deswegen muß man Leute heranziehen, die über das Verbrechen und die Verbrecher einen Diskurs halten, der die fraglichen Maßnahmen rechtfertigen könnte.

J.-J. B.: Der kriminologische Diskurs dient also nur dazu, den Richtern den Anschein eines guten Gewissens zu verschaffen?
M. F.: Ja. Er muß das Fällen von Urteilen legitimieren.
J.-J. B.: In Ihrem Buch über Pierre Rivière* handelt es

*Der Fall Rivière, hrsg. von M. Foucault. Materialien zum Verhältnis von Psychiatrie und Strafjustiz. Aus dem Französischen v. W. H. Leube. Frankfurt/M. 1975

sich um einen Verbrecher, der spricht, der schreibt. Aber im Unterschied zu Lacenaire ist er bis ans Ende seines Verbrechens gegangen. Wie haben Sie diesen erstaunlichen Text überhaupt gefunden?
M. F.: Zufällig. Bei der systematischen Suche nach gerichtsmedizinischen und psychiatrischen Gutachten in den Zeitschriften des 19. und 20. Jahrhunderts.

J.-J. B.: Es kommt doch sehr selten vor, daß ein ungebildeter oder kaum gebildeter Bauer sich die Mühe macht, 40 Seiten lang sein Verbrechen zu erzählen und zu erklären.
M. F.: Es ist wirklich eine sonderbare Geschichte. Gleichwohl kann man sagen, und das hat mich sehr erstaunt, daß es damals in den Gefängnissen ziemlich verbreitet war, sein Leben, seine Erinnerungen, seine Erlebnisse aufzuzeichnen. Der Philanthrop Appert, der als einer der ersten Zuchthäuser und Gefängnisse durchwanderte, ließ die Häftlinge ihre Erinnerungen aufzeichnen; eines davon hat er veröffentlicht. In Amerika haben Ärzte und Richter eine ähnliche Rolle gespielt. Es war das die erste große Neugier nach jenen Individuen, die man umzuformen wünschte und für deren Umformung man ein bestimmtes Wissen, eine bestimmte Technik entwickeln mußte. Diese Neugier nach dem Verbrecher gab es im 18. Jahrhundert überhaupt nicht. Damals wollte man nur wissen, ob der Angeklagte wirklich getan hatte, was man ihm vorwarf. War das festgestellt, wurde die Strafe festgesetzt.
Die Frage "Was ist das für ein Individuum, das dieses Verbrechen begangen hat?" ist eine neue Frage. Allerdings genügt sie nicht zur Erklärung der Geschichte von Pierre Rivière. Denn dieser wollte ursprünglich seine Schrift schon vor dem Verbrechen verfassen.

Wir wollten in diesem Buch keine psychologische, psychoanalytische oder linguistische Analyse von Pierre Rivière anstellen, sondern die medizinische und gerichtliche Maschine um ihn herum sichtbar machen.
Für den Rest überließen wir den Psychoanalytikern und Kriminologen das Wort. Diese hatten erstaunlicherweise zu diesem Text heute genau so wenig zu sagen wie im vorigen Jahrhundert.

J.-J. B.: In Ihrem Buch "Wahnsinn und Gesellschaft" schreiben Sie, man sollte "die Chronologien und historischen Abfolgen von jeder Fortschrittsperspektive lösen".
M. F.: Das ist etwas, was ich den Wissenschaftshistorikern verdanke. Ich halte mich an den methodischen Vorbehalt, hinter dem ohne Aggressivität ein radikaler Skeptizismus steht: der Punkt, an dem wir angekommen sind, wird nicht als Vollendung eines Fortschritts angesehen, den es historisch zu rekonstruieren gilt. Es ist die Skepsis gegenüber uns selber, unserer Gegenwart, unserem Sosein, die uns davon abhält, uns für besser oder für mehr zu halten. Natürlich versucht man, Wandlungsprozesse zu rekonstruieren - aber ohne sie mit einer positiven Wertung zu belegen.

J.-J. B.: Während die Wissenschaft doch lange Zeit von dem Postulat ausging, daß die Menschheit fortschreitet...
M. F.: Die Wissenschaft? Eher die Wissenschaftsgeschichte. Und ich sage ja gar nicht, daß die Menschheit nicht fortschreitet. Ich sage nur, daß es methodisch schlecht ist, das Problem von vornherein als Frage nach dem Fortschritt zu stellen. Das Problem ist vielmehr: Wie geht das vor sich, wenn etwas geschieht? Und das, was heute geschieht, ist nicht unbedingt besser oder entwickelter oder erleuchteter als das, was früher geschah.

J.-J. B.: Ihre Forschungen beziehen sich auf Dinge, die banal sind oder scheinen, weil sie nicht g e s e h e n werden. Die Gefängnisse etwa sind in den Städten - a b e r n i e m a n d s i e h t s i e. Oder wenn man sie sieht, fragt man sich vielleicht noch, ob es sich um ein Gefängnis, um eine Schule, um eine Kaserne oder um ein Spital handelt. Besteht nicht das Ereignis gerade darin, etwas in die Augen springen zu lassen, was keiner gesehen hat?
Das gilt wohl auch für die sehr detaillierten Untersuchungen über das Steuerwesen und die Bauernaufstände im Bas-Languedoc zwischen 1880 und 1882. Auch hier handelt es sich um ein sehr wichtiges Phänomen, das kein Mensch gesehen hat.
M. F.: In gewissem Sinne ist die Geschichtswissenschaft immer so vorgegangen. Wenn man etwas sichtbar macht, was man bislang nicht gesehen hat, kann das am Vergrößerungsinstrument liegen, das man verwendet. Anstatt die Institu-

tionen der Monarchie vom 16. bis zum 18. Jahrhundert zu studieren, kann man die Institution eines kleinen Provinzrates zwischen dem Tod Heinrichs IV. und dem Regierungsantritt Ludwig XIII. untersuchen. Man bleibt damit im selben Gegenstandsbereich, aber der Gegenstand ist vergrößert.

Aber man kann auch etwas Ungesehenes sichtbar machen, indem man die Betrachtungsebene verschiebt, indem man sich auf eine Ebene begibt, die bislang historisch nicht relevant war, die weder moralisch, noch ästhetisch, noch politisch, noch historisch für wichtig gehalten worden ist. Daß die Art, wie man die Irren behandelt, zur Geschichte der Vernunft gehört, ist heute offensichtlich. Aber das war vor 5o Jahren nicht so. Damals war die Geschichte der Vernunft Platon, Descartes, Kant oder vielleicht noch Archimedes, Galilei und Newton.

J.-J. B.: Die einfache Gegenüberstellung von Vernunft und Unvernunft stellen Sie in Frage, wenn Sie sagen: "Man schreibt die Geschichte der Experimente an den Blindgeborenen, an den Wolfskindern oder mit der Hypnose. Wer jedoch wird die allgemeinere, unschärfere, aber entscheidendere Geschichte der Prüfung schreiben...? In dieser winzigen Technik steckt nämlich ein ganzer Wissensraum und ebenso ein ganzer Machttyp."
M. F.: Die Mechanismen der Macht sind niemals in der Geschichte gründlich analysiert worden. Man hat die Leute studiert, welche die Macht innehatten. Das war die anekdotische Geschichte der Könige, der Feldherren. Im Gegensatz dazu hat man dann die Geschichte der Prozesse, der ökonomischen Grundstrukturen erforscht, der man dann wieder eine Geschichte der Institutionen (und damit des sogenannten Überbaus) entgegengesetzt hat. Aber die Macht mit ihren umfassenden und detaillierten Strategien und Mechanismen ist niemals wirklich erforscht worden. Und noch weniger hat man sich mit den Beziehungen zwischen Wissen und Macht, mit ihren wechselseitigen Einwirkungen beschäftigt. Einer Tradition des Humanismus entsprechend meint man, daß das Wissen aufhört, wo die Macht anfängt: die Macht macht irre, die Regierenden sind blind. Und nur diejenigen, die von der Macht weit weg sind, die mit der Tyrannei nichts zu tun haben, die in ihre Gelehrtenstube und

in ihre Meditationen eingeschlossen sind, können die Wahrheit entdecken.
Ich habe nun den Eindruck, und ich habe das zu zeigen versucht, daß sich Macht immer an Wissen und Wissen immer an Macht anschließt. Es genügt nicht zu sagen, daß die Macht dieser oder jener Entdeckung, dieser oder jener Wissensform bedarf. Vielmehr bringt die Ausübung von Macht Wissensgegenstände hervor; sie sammelt und verwertet Informationen. Man versteht nichts vom ökonomischen Wissen, wenn man nicht weiß, wie sich die ökonomische Macht im täglichen Leben durchsetzt. Die Machtausübung bringt ständig Wissen hervor und umgekehrt bringt das Wissen Machtwirkungen mit sich. Die Ordinarienuniversität ist nur die sichtbarste, verkalkteste und ungefährlichste Form dieses Sachverhalts. Man muß schon sehr naiv sein, wenn man glaubt, daß die Verbindungen von Macht und Wissen im Universitätsmandarin gipfeln. Diese Verbindungen sind anderswo tiefer verankert, heimtückischer verbreitet und anders gefährlich.
Der moderne Humanismus täuscht sich also mit dieser Grenzziehung zwischen Macht und Wissen. Wissen und Macht sind integriert, und man sollte nicht von dem Augenblick träumen, in dem das Wissen nicht mehr von der Macht abhängt. Damit würde man denselben Humanismus nur als Utopie wiederbeleben. Es ist nicht möglich, daß sich Macht ohne Wissen vollzieht; es ist nicht möglich, daß das Wissen nicht Macht hervorbringt: "Befreien wir die wissenschaftliche Forschung von den Anforderungen des Monopolkapitalismus!" - das ist vielleicht ein hervorragendes Schlagwort. Aber es wird immer nur ein Schlagwort sein.

J.-J. B.: Gegenüber Marx und dem Marxismus scheinen Sie eine gewisse Distanz zu halten, was man Ihnen schon nach der "Archäologie des Wissens"* vorgeworfen hat.
M. F. : Zweifellos. Aber dabei gibt es von meiner Seite auch so etwas wie ein Spiel. Ich zitiere häufig Begriffe, Sätze, Texte von Marx, ohne mich allerdings verpflichtet zu fühlen, das Zitat als solches auszuweisen, die Quelle in einer Fußnote anzugeben und dem Zitat eine anerkennende Reflexion

* Archäologie des Wissens. Aus dem Französischen von Ulrich Köppen. Frankfurt/Main 1973

hinzuzufügen. Nur wenn man dieses tut, wird man als Marxkenner und Marxverehrer angesehen und von den sogenannten marxistischen Zeitschriften in Ehren gehalten. Ich aber zitiere Marx, ohne es zu sagen und ohne Anführungszeichen zu setzen. Da die Marxisten nun nicht imstande sind, die Marxtexte zu kennen, gelte ich als einer, der Marx nicht zitiert. Verspürt denn ein Physiker das Bedürfnis, Newton oder Einstein ausdrücklich zu zitieren? Er verwendet sie einfach und braucht keine Anführungszeichen, keine Fußnote und keine Lobrede, die seine Treue gegenüber dem Denken des Meisters unter Beweis stellt. Und da die anderen Physiker wissen, was Einstein getan hat, was er erfunden, bewiesen hat, nehmen sie es ohne viel Aufhebens zur Kenntnis. Man kann heute nicht Historiker sein, ohne eine Reihe von Begriffen zu verwenden, die direkt oder indirekt mit dem Denken von Marx verknüpft sind, und ohne sich in einem Horizont zu bewegen, der von Marx beschrieben oder definiert worden ist. Man könnte sich sogar fragen, welcher Unterschied eigentlich zwischen einem Historiker und einem Marxisten besteht.

J.-J. B.: Wie man gesagt hat, daß die Rede vom amerikanischen Film ein Pleonasmus ist, könnte man sagen, daß der marxistische Historiker ein weißer Schimmel ist.
M. F.: Beinahe. Und innerhalb dieses von Marx entfalteten allgemeinen Horizontes beginnt die Diskussion. Mit denjenigen, die sich für Marxisten halten, weil sie sich an die Spielregel der Kommunistologie (nicht des Marxismus) halten, die von den kommunistischen Parteien aufgestellt wird, die vorschreiben, wie man Marx zu verwenden hat, um bei ihnen als Marxist zu gelten.

J.-J. B.: Und wie steht es mit Nietzsche? Ich bin erstaunt über seine diffuse Präsenz, die immer stärker wird und im zeitgenössischen Denken und Fühlen seit etwa 10 Jahren die Hegemonie von Marx in Frage stellt.
M. F.: Heute bleibe ich stumm, wenn es um Nietzsche geht. Als ich an der Uni war, habe ich oft Vorlesungen gehalten über ihn. Aber ich werde das nicht mehr tun. Wenn ich anspruchsvoll wäre, würde ich das, was ich mache, unter den Titel "Genealogie der Moral" stellen.
Nietzsche ist derjenige, der als Hauptzielscheibe für den

philosophischen Diskurs das Machtverhältnis aufgestellt hat. Für Marx war es das Produktionsverhältnis. Nietzsche ist der Philosoph der Macht, dem es gelungen ist, die Macht zu denken, ohne sich dabei in eine politische Theorie einzuschließen.

Nietzsches Präsenz ist immer wichtiger. Aber ich finde es langweilig, wenn man ihm Kommentare widmet, wie man sie auch über Hegel und Mallarmé schreibt. Was mich betrifft, ich benutze die Leute, die ich mag. Die einzige Anerkennung, die man einem Denken wie dem Nietzsches bezeugen kann, besteht darin, daß man es benutzt, verzerrt, mißhandelt und zum Schreien bringt. Ob einem die Kommentatoren Treue bestätigen oder nicht, ist völlig uninteressant.

Aus dem Französischen von Walter Seitter

VON DEN MARTERN ZU DEN ZELLEN
Ein Gespräch mit Roger-Pol Droit

FRAGE: In seiner gegenwärtigen Funktion und Form könnte das Gefängnis als eine besondere und unerwartete Erfindung des späten 18. Jahrhunderts gelten. Aber Sie zeigen, daß seine Geburt in einen tieferen Veränderungsprozeß einzuordnen ist. In welchen?
M. FOUCAULT: Liest man die großen Historiker der klassischen Epoche, so sieht man, wie sehr die Monarchie bei aller Zentralisierung und Bürokratisierung ihrer Verwaltung doch eine regellose und lückenhafte Macht darstellte, die den Individuen wie den Gruppen einen gewissen Spielraum ließ und ihnen erlaubte, das Gesetz zu umgehen, sich mit Gewohnheitsrechten zu arrangieren und zwischen Verpflichtungen durchzuschlüpfen. Das Ancien Régime schleppte Hunderte und Tausende von Verfügungen mit sich, die nie zur Anwendung gelangten, von Rechten, die kein Mensch geltend machte, von Regeln, denen Massen von Leuten entwischten. So war etwa die althergebrachte Steuerhinterziehung ebenso ein fester Bestandteil der Wirtschaft der Monarchie wie der offenkundigste Schleichhandel. Zwischen Gesetzmäßigkeit und Gesetzwidrigkeit gab es einen regen Austausch, der eine der Funktionsbedingungen der Macht jener Epoche war.
In der zweiten Hälfte des 18. Jahrhunderts erfährt dieses System der Toleranz eine Veränderung. Die neuen ökonomischen Erfordernisse, die politische Angst vor Volksbewegungen, die nach der Revolution in Frankreich akut wird, machen eine andere Durchkämmung der Gesellschaft nötig. Die Machtausübung mußte feinmaschiger und straffer werden: von den zentralen Entscheidung bis zum Individuum mußte sich ein möglichst kontinuierliches Netz bilden. Auf diese Weise kommt es zur Polizei, zur Verwaltungshierarchie, zur bürokratischen Pyramide des napoleonischen Staates. Bereits vor 1789 träumten Juristen und "Reformer" von einer einheitlichen Strafgesellschaft, in der die Züchtigungen unausweichlich, notwendig, gleichmäßig, ausnahmslos und unentrinnbar sein sollten. Und mit einem Mal verschwinden die großen Züchtigungsrituale wie die Marter, die Schrekken und Abschreckung verbreitet haben, denen aber viele

Schuldige entkommen sind, vor dem Erfordernis einer Straf-Allgemeinheit, die sich im Gefängnissystem konkretisiert.

F.: Aber warum im Gefängnis und nicht in einem anderen System? Welches ist die gesellschaftliche Funktion der Einsperrung, der Einschließung der "Schuldigen"?
M. F.: Auf die Frage, woher das Gefängnis kommt, würde ich antworten: eigentlich ein bißchen von überall her. Zweifellos gab es so etwas wie "Erfindung": die Erfindung einer ganzen Technik der Überwachung, der Kontrolle, der Identifizierung der Individuen, der Parzellierung ihrer Gesten, ihrer Tätigkeit, ihrer Leistung. Das gab es seit dem 16., 17. Jahrhundert in der Armee, in den Kollegs, in den Schulen, den Spitälern, den Werkstätten. Es handelt sich um eine ausgeklügelte und alltägliche Technologie der Macht, der Macht über die Körper. Das Gefängnis ist die Krönung dieses Zeitalters der Disziplinen.
Was die gesellschaftliche Rolle der Internierung betrifft, so ist sie bei der Persönlichkeit zu suchen, die sich im 19. Jahrhundert heranzubilden beginnt: beim Delinquenten. Die Entstehung des Delinquentenmilieus hängt ganz eng mit der Existenz des Gefängnisses zusammen. Man wollte innerhalb der Volksmassen einen kleinen Kern von vorzüglichen oder ausschließlichen Trägern gesetzwidriger Verhaltensweisen heranbilden: von allgemein verworfenen, verachteten und gefürchteten Leuten.
Hingegen waren im klassischen Zeitalter Gewalttätigkeiten, Diebereien und Gaunereien gang und gäbe und wurden zuguterletzt von allen toleriert. Dem Übeltäter scheint es sehr gut gelungen zu sein, in der Gesellschaft aufzugehen. Wurde er aber gefaßt, so waren die Strafmaßnahmen rasch und gründlich: Tod, Galeere auf Lebenszeit, Verbannung. Auf diese Weise konnte sich kein in sich geschlossenes Delinquentenmilieu bilden, wie es dann im Gefängnis entsteht - in jener "Marinade" im Zentrum des Kerkersystems, wo sich eine Mikrogesellschaft bildet, wo sich die Leute solidarisieren, um sich draußen dann aufeinander stützen zu können.
Das Gefängnis ist also ein Rekrutierungsinstrument für die Armee der Delinquenten. Dazu dient es eigentlich. Und wenn man seit zwei Jahrhunderten sagt, das Gefängnis sei ein Mißerfolg, weil es Delinquenten produziert, so möchte ich sagen, daß das Gefängnis ein Erfolg ist, weil man gerade das von ihm erwartet.

F.: Trotzdem wiederholt man gern, daß das Gefängnis - zumindest im Idealfall - die Delinquenten pflegt, behandelt, resozialisiert. Es soll eher heilen als strafen...
M. F.: Die Kriminalpsychologie und -psychiatrie laufen Gefahr, das große Alibi zu sein, hinter dem man im Grunde dasselbe System aufrechterhält. Sie kommen schon deswegen nicht als ernsthafte Alternative zum Gefängnissystem in Frage, weil sie mit ihm zusammen entstanden sind. Das Gefängniswesen, das gleich nach dem Strafgesetzbuch eingerichtet worden ist, gibt sich von Anfang an als ein Unternehmen der psychologischen Besserung aus. Es ist von Anfang an die Stätte der "Gerichtsmedizin". Man kann also alle Häftlinge Psychotherapeuten übergeben: am einheitlichen Macht- und Überwachungssystem, das zu Beginn des 19. Jahrhunderts installiert worden ist, wird das nichts ändern.

F.: Bleibt die Frage, welchen "Vorteil" die an der Macht befindliche Klasse aus der Aufstellung dieser Delinquentenarmee zieht...
M. F.: Nun, damit wird es möglich, die Kontinuität der volkstümlichen Gesetzwidrigkeiten zu brechen. Es wird ja eine kleine Gruppe von Leuten isoliert, die man kontrolliert, überwacht, identifizieren kann und die der Feindseligkeit und dem Mißtrauen der Volksschichten ausgesetzt sind, aus denen sie stammen. Denn die Opfer der alltäglichen Delinquenz sind gewöhnlich die ärmsten Leute. Und zuguterletzt ergibt sich ein großartiger ökonomischer und politischer Profit. Den ökonomischen Profit bilden die sagenhaften Einnahmen aus der Prostitution, dem Drogenhandel usw. Der politische Profit: Je mehr Delinquenten es gibt, umso lieber nimmt die Bevölkerung die politischen Kontrollen in Kauf und umso mehr Arbeitskräfte stehen für die niedrigen politischen Dienste zur Verfügung: Plakatkleber, Wahlagenten, Streikbrecher... Schon im Second Empire wußten die Arbeiter, daß die "Gelben Gewerkschaftsführer", die man ihnen aufzwang, ebenso wie die Ordnungsbataillone Louis Napoléons aus dem Gefängnis kamen...

F.: Folgt daraus, daß die ganze Bewegung für die "Reform" für die "Humanisierung" der Gefängnisse auf dem falschen Weg ist?
M. F.: Mir scheint, daß der wirkliche politische Einsatz

nicht darum geht, daß die Gefangenen zu Weihnachten Schokolade bekommen oder daß sie Ostern zuhause verbringen können. Es geht weniger um den "humanen" Charakter des Gefängnisses als vielmehr um sein wirkliches gesellschaftliches Funktionieren bei der Züchtung eines Delinquentenmilieus, das von den an der Macht befindlichen Klassen kontrolliert wird. Das eigentliche Problem ist die Frage, ob die Abschließung dieses Milieus in sich selbst ein Ende nehmen kann oder ob es von den Volksmassen abgeschnitten bleibt. Gegenstand des Kampfes muß also das Funktionieren des Strafsystems und des Justizapparates in der Gesellschaft sein. Denn das Strafsystem und der Justizapparat verwalten die Gesetzwidrigkeiten und spielen sie gegeneinander aus.

F.: Wie kann man diese "Verwaltung der Gesetzwidrigkeiten" definieren? Die Formulierung drückt ein ungewöhnliches Verständnis des Gesetzes, der Gesellschaft und ihrer Beziehungen aus.

M. F.: Nur eine Fiktion kann zum Glauben führen, daß die Gesetze dazu gemacht sind, um respektiert zu werden, daß die Polizei und die Gerichte dazu bestimmt sind, den Gesetzen zum Respekt zu verhelfen. Nur eine theoretische Fiktion kann glauben machen, daß wir ein für allemal in die Gesetze der Gesellschaft eingewilligt haben, der wir angehören. Jedermann weiß, daß die Gesetze von den einen gemacht und den andern aufgezwungen werden.

Mir scheint aber, daß man noch einen Schritt weitergehen muß. Die Gesetzwidrigkeit ist kein Mißgeschick, keine mehr oder weniger vermeidbare Unvollkommenheit. Sie ist ein absolut positives gesellschaftliches Funktionselement, dessen Rolle in der Gesamtstrategie der Gesellschaft vorgesehen ist. Jede Gesetzgebung hat geschützte und gewinnträchtige Räume geschaffen, in denen das Gesetz verletzt werden kann, andere Räume, in denen es ignoriert werden kann, und wieder andere, in denen die Übertretungen sanktioniert werden.

Am Ende könnte man sagen, daß das Gesetz nicht dazu gemacht ist, um diese oder jene Verhaltensweise zu verhindern, sondern um die Arten der Gesetzesumgehung zu differenzieren.

F.: Zum Beispiel?
M. F.: Die Drogengesetze. Von den Vereinbarungen zwischen der Türkei und den Vereinigten Staaten über die Militärstützpunkte (die zum Teil mit der Erlaubnis von Opiumanbau verknüpft sind) bis zur polizeilichen Durchkämmung der rue Saint-André-des-Arts im Quartier Latin spielt sich der Drogenhandel auf einer Art Schachbrett ab, wo es kontrollierte Felder und freie Felder gibt, verbotene und tolerierte Felder, Felder, die den einen erlaubt und den andern untersagt sind. Nur die kleinen Leute werden auf den gefährlichen Feldern festgehalten. Für die großen Profite ist der Weg frei.

F.: "Überwachen und Strafen" beruht ebenso wie Ihre früheren Werke auf der Auswertung eines beträchtlichen Archivmaterials. Gibt es eine "Methode" von Michel Foucault?
M. F.: Ich glaube, daß die Freudsche Vorgehensweise so einflußreich ist, daß sich Analysen historischer Texte häufig die Aufgabe stellen, das "Nicht-Gesagte" des Diskurses, das "Verdrängte", das "Unbewußte" des Systems zu suchen. Es empfiehlt sich, diese Einstellung aufzugeben und zugleich bescheidener und neugieriger zu sein. Sieht man sich nämlich die Dokumente an, ist man überrascht zu sehen, mit welchem Zynismus die Bourgeoisie des 19. Jahrhunderts sehr genau sagte, was sie tat, was sie tun wollte und warum sie es wollte. Für die an der Macht befindliche Bourgeoisie war der Zynismus eine Form des Stolzes. Und nur in den Augen der Naiven ist die Bourgeoisie dumm und feige. Sie ist intelligent und beherzt. Sie hat sehr gut gesagt, was sie wollte.
Will man diesen freimütigen Diskurs wiederfinden, muß man natürlich die großen Schultexte beiseite lassen. Weder bei Hegel noch bei Comte spricht die Bourgeoisie direkt. Abseits von diesen geheiligten Texten läßt sich eine völlig bewußte, organisierte, reflektierte Strategie aus einer Masse von unbekannten Dokumenten ganz klar ablesen, die den wirklichen Diskurs einer politischen Aktion darstellt. Die Logik des Unbewußten muß durch eine Logik der Strategie ersetzt werden. Anstelle der Bedeutung und der Verkettung ihrer Träger muß den Taktiken mit ihren Ordnungen und Gliederungen der Vorrang eingeräumt werden.

F.: Welchen Kämpfen können Ihre Arbeiten dienen?
M. F.: Mein Diskurs ist selbstverständlich der Diskurs eines Intellektuellen und funktioniert als solcher in den bestehenden Machtnetzen. Aber ein Buch ist dazu da, um Zwekken zu dienen, die von dem, der es geschrieben hat, nicht festgesetzt sind. Je mehr neue, unvorhergesehene Verwendungen möglich und wirklich sein werden, umso zufriedener werde ich sein.
Alle meine Bücher, sei es "Wahnsinn und Gesellschaft" oder dieses da, sind, wenn Sie so wollen, kleine Werkzeugkisten. Wenn die Leute sie aufmachen wollen und diesen oder jenen Satz, diese oder jene Idee oder Analyse als Schraubenzieher verwenden, um die Machtsysteme kurzzuschließen, zu demontieren oder zu sprengen, einschließlich vielleicht derjenigen Machtsysteme, aus denen diese meine Bücher hervorgegangen sind - nun gut, umso besser.

Aus dem Französischen von Walter Seitter

ÜBER ATTICA
Ein Gespräch mit John K. Simon

JOHN K. SIMON: Wir haben gerade vor kurzem das Gefängnis von Attica besichtigt, und ich weiß, daß Sie sich zusätzlich zu Ihren Untersuchungen über Ausschließung - Ausschließung der Kranken, Ausschließung aller Art - seit einem Jahr oder anderthalb für die Gefängnisreform in Frankreich interessiert hatten. Ich würde gerne Ihre Reaktionen auf diesen Besuch erfahren; es ist, glaube ich, Ihre bislang erste Gefängnisbesichtigung.
M. FOUCAULT: Nun ja, weil man in Frankreich nicht das Recht hat, Gefängnisse zu besichtigen. Man kann ein Gefängnis nur betreten, wenn man selbst ein Gefangener, ein Wächter oder ein Anwalt ist, und genaugenommen habe ich bisher noch zu keiner dieser drei Kategorien gehört. Ich bin von der Polizei noch nie länger als zwölf Stunden festgehalten worden, und infolgedessen war ich nicht wirklich in der Lage, Gefängnisse in Frankreich kennenzulernen. Daher habe ich es Ihnen zu danken, daß es mir zum erstenmal in meinem Leben möglich war, ein Gefängnis zu betreten; es liegt auf der Hand, daß der Anblick von Attica für einen Franzosen völlig überwältigend ist. Obwohl ich selbst niemals französische Gefängnisse betreten habe, habe ich eine Menge darüber von Leuten gehört, die dort gesessen haben, und ich weiß, daß es Orte des Verfalls und der Verwahrlosung sind, Zellen, die oftmals vollgestopft mit Gefangenen, einer auf dem anderen, und aufs abstoßendste verdreckt sind.
Attica gleicht dem offensichtlich nicht im mindesten. Was mir in Attica vielleicht zuallererst aufstieß, war der Eingang, diese Scheinfestung à la Disneyland, diese Beobachtungsposten, getarnt als mittelalterliche Türme mit ihren 'machicoulis'* . Und hinter dieser recht lächerlichen Szenerie, durch die alles übrige verniedlicht wird, entdeckt man, daß es sich um eine ungeheure Maschine handelt. Und es ist diese Vorstellung einer Maschinerie, die mich am stärksten traf - jene so langen, sauberen, geheizten Gänge, die denen, die sie durchqueren, bestimmte Gleise vorschrei-

*Pechnasen an Burgen (A.d.R.)

ben, die offensichtlich auf größtmögliche Effizienz kalkuliert und gleichzeitig die am einfachsten zu übersehenden und die direktesten sind. Ja, und all dies endet in den riesigen Werkshallen wie etwa der metallurgischen, die sauber sind und nahezu perfekt erscheinen. Ein früherer Attica-Gefangener, den ich vorgestern sah, erzählte mir, daß diese berühmten Werkshallen, die sie so bereitwillig zur Schau stellen, in Wirklichkeit sehr gefährlich sind, daß dort viele Verletzungen vorkommen .Aber tatsächlich hat man auf den ersten Blick den Eindruck, man besichtigt mehr als nur eine Fabrik: man besichtigt eine Maschine, das Innere einer Maschine.
Man stellt nun natürlich die Frage, was diese Maschine produziert, zu was diese gigantische Anlage dient und was aus ihr herauskommt. Zum Zeitpunkt der Erbauung von Auburn und des Gefängnisses von Philadelphia, die beide (mit bis heute recht geringfügigen Änderungen) als Modell für die großen Einsperrungsmaschinen dienten, glaubte man, daß in der Tat etwas produziert würde: "rechtschaffene" Menschen. Heute wissen wir (und die Behörden sind sich darüber vollkommen im klaren), daß nichts dergleichen produziert wird. Daß überhaupt nichts produziert wird. Daß es sich schlicht um einen großen Taschenspielertrick handelt, einen eigenartigen Mechanismus, der als ein Kreislauf der Aussonderung funktioniert: die Gesellschaft sondert aus, indem sie Leute ins Gefängnis steckt, die das Gefängnis zerbricht, zermalmt, physisch ausmerzt; und wenn sie einmal zerbrochen worden sind, sondert das Gefängnis sie aus, indem es sie in die "Freiheit" entläßt und in die Gesellschaft zurückschickt; und dort sorgt ihr Leben im Gefängnis, die Weise, in der man sie behandelt hat, der Zustand, in dem sie herausgelassen werden, dafür, daß die Gesellschaft sie aufs neue aussondern wird, sie ins Gefängnis steckt, wo sie wiederum... Attica ist eine Ausmerzungsmaschine, eine Art ungeheurer Magen, eine Niere, die verschlingt, zerstört, auflöst und dann ausscheidet;und die verschlingt, um auszuscheiden, was sie bereits ausgeschieden hat. Sie erinnern sich, als wir Attica besuchten, sprach man uns gegenüber von vier Flügeln des Gebäudes, den vier Gängen, den vier großen Gängen A, B, C und D. Nun, ich erfuhr wiederum durch den gleichen früheren Gefangenen, daß es einen fünften Gang gibt, den man uns gegenüber nicht erwähnte, näm-

lich den Gang E. Und wissen Sie, was für einer das ist?
J.K.S.: Nein.
M.F.: Nun ja, es ist ganz einfach die Maschine der Maschine oder besser: die Aussonderung der Aussonderung, die Aussonderung zweiten Grades. Es handelt sich um den psychiatrischen Flügel. Dorthin stecken sie diejenigen, die nicht einmal mehr in die Maschine integriert werden können und die die Maschinerie nicht gemäß ihren Normen zu assimilieren vermag, die sie nicht gemäß der Logik ihres eigenen mechanischen Prozesses zermalmen kann. Daher benötigen sie einen zusätzlichen Mechanismus.

J.K.S.: Sie haben den Prozeß der Ausschließung als eine Art abstrakten Begriff untersucht und ich weiß, daß Sie mit dem Inneren von Kliniken und anderen Institutionen vertraut sind. Einen Ort wie diesen besichtigt zu haben - ich meine körperlich dagewesen zu sein -, bewirkte das vielleicht eine emotionale Veränderung in Ihrer Haltung gegenüber dem Prozeß der Ausschließung? Oder hat diese Besichtigung Sie in Ihren Vorstellungen über Ausschließung lediglich bestärkt?
M. F.: Nein, diese sind eher untergraben worden; auf jeden Fall ist für mich ein Problem aufgetaucht, das von denen, über die ich mir vorher den Kopf zerbrochen hatte, ziemlich verschieden ist. Die Veränderung war vielleicht nicht unbedingt durch die Besichtigung von Attica bestimmt, aber die Besichtigung hat sie sicherlich beschleunigt. Bis dahin stellte ich mir Ausschließung aus der Gesellschaft als eine Art allgemeine Funktion vor, ein bißchen abstrakt, und versuchte, diese Funktion als in irgendeiner Weise konstitutiv für die Gesellschaft zu bestimmen; d.h. jede Gesellschaft könnte nur unter der Bedingung funktionieren, daß eine bestimmte Anzahl von Leuten aus ihr ausgeschlossen sind. Die traditionelle Soziologie, die Soziologie von der Art Durkheims stellte das Problem eher so dar: Wie kann eine Gesellschaft Individuen zusammenhalten? Welches ist die Form der Beziehung, der symbolischen oder affektiven Kommunikation, die zwischen den Individuen hergestellt werden? Wie sieht das Organisationssystem aus, welches der Gesellschaft erlaubt, eine Totalität zu konstituieren? Mich interessierte das ziemlich entgegengesetzte Problem oder, wenn Sie so wollen, die entgegengesetzte Antwort zu diesem Pro-

blem, nämlich: durch welches Ausschließungssystem, durch wessen Ausmerzung, durch die Ziehung welcher Scheidelinie, durch welches Spiel von Negation und Ausgrenzung kann eine Gesellschaft beginnen zu funktionieren?
Nun, die Frage, die ich mir jetzt stelle, ist die umgekehrte: das Gefängnis ist ein zu komplexer Mechanismus, als daß man ihn auf rein negative Ausschließungsfunktionen reduzieren könnte; seine Kosten, seine Wichtigkeit, der Verwaltungsaufwand, die Rechtfertigungen, die man dafür zu geben bestrebt ist, scheinen darauf hinzudeuten, daß es positive Funktionen besitzt. Das Problem besteht darin, herauszufinden, welche Rolle die kapitalistische Gesellschaft ihrem Strafrechtssystem zuweist, welches das gesuchte Ziel ist und welche Ergebnisse durch all diese Straf- und Ausschließungsprozesse erzielt werden. Welches ist ihr Platz im ökonomischen Prozeß, worin besteht ihre Wichtigkeit bei der Ausübung und Erhaltung der Macht? Welches ist ihre Rolle im Klassenkampf?

J. K. S.: Ich fragte mich wirklich, in welchem Maße Sie sich des politischen Kontextes bewußt blieben, während Sie durch die Gänge von Attica gingen. Ich für meinen Teil war so entsetzt durch die rein menschliche Seite, durch das Gefühl von latentem Leiden und Repression, daß es - vielleicht paradoxerweise - Momente gab, in denen ich den politischen Kontext völlig vergaß.
M. F.: Es ist sehr schwierig für mich, auf die Frage nach den menschlichen und tatsächlich physischen Schrecken dessen, was in Attica vor sich geht, zu antworten. Ich glaube, daß ich den gleichen Eindruck wie Sie hatte; aber möglicherweise bin ich etwas weniger sensibel als Sie und vielleicht ein bißchen dickfellig. Wenn man diese langen Gänge durchquert, die - lassen Sie es mich wiederholen - sauber sind, hat ein Franzose den Eindruck, er wäre in einer etwas strengen Privat- oder Konfessionsschule; alles in allem waren die Gymnasien oder Kollegs des neunzehnten Jahrhunderts nicht so viel angenehmer. Was mir aber letztendlich, nachdem ich es überdacht habe, in Attica am erschreckendsten erschien, war die eigenartige Beziehung zwischen der Peripherie und dem Innenteil. Ich meine das doppelbödige Spiel mit den Gittern; jene, welche das Gefängnis von der Außenwelt trennen, und jene, welche inner-

halb des Gefängnisses jede der Einzelzellen von den anderen abtrennen. Was die ersteren betrifft, die Gitter an den Toren, so bin ich mir wohl darüber im klaren, wie Gefängnistheoretiker diese rechtfertigen: die Gesellschaft muß geschützt werden. (Natürlich könnte man sagen, daß die größten Gefahren für die Gesellschaft nicht von den Autodieben ausgehen, sondern von Kriegen, Hungersnöten, Ausbeutung und all denen, die dies zulassen und auslösen, aber lassen wir das...) Wenn die ersten Gitter einmal durchschritten sind, könnte man erwarten, einen Ort vorzufinden, an dem die Gefangenen an das Gemeinschaftsleben, an eine Achtung vor dem Gesetz, an eine Rechtsausübung usw. "readaptiert" werden. Nun, man erkennt stattdessen, daß der Ort, an dem die Gefangenen zehn bis zwölf Stunden täglich verbringen, der Ort, den sie als ihr "Zuhause" betrachten, ein entsetzlicher Tierkäfig ist: etwa zwei Meter mal anderthalb Meter, auf einer Seite vollkommen vergittert. Der Ort, an dem sie allein sind, wo sie schlafen und wo sie lesen, wo sie sich anziehen und ihre Notdurft verrichten, ist ein Käfig für wilde Tiere. Und darin liegt die ganze Heuchelei des Gefängnisses. Man hat den Verdacht, daß der Regierungsbeauftragte, der die Besichtigung leitet, wirklich innerlich kichern muß. Man hat den Eindruck, er müsse zu sich selbst und auch zu uns etwas sagen wie: "Ihr habt uns Räuber und Mörder übergeben, weil ihr sie für wilde Bestien hieltet; ihr verlangtet von uns, wir sollten aus ihnen auf der anderen Seite der Gitter, die euch schützen, zahme Lämmer machen; aber es gibt keinen Grund, warum wir, die Wächter, die Repräsentanten von 'Recht und Ordnung', wir, die Werkzeuge eurer Moral und eurer Vorurteile, sie nicht für wilde Tiere halten sollten, ebenso wie auch ihr. Wir sind mit euch identisch; *wir* sind *ihr*; und folglich bauen wir in diesem Käfig, in den ihr uns mit ihnen gesteckt habt, weitere Käfige, die zwischen ihnen und uns das Verhältnis von Ausschließung und Macht wiederherstellen, welches das grosse Gefängnis zwischen ihnen und euch herstellt. *Ihr* habt *uns* zu verstehen gegeben, daß sie wilde Bestien sind; *wir* geben es nun wiederum *ihnen* zu verstehen. Und wenn sie dies gut gelernt haben werden hinter ihren Gittern, werden wir sie zu euch zurückschicken."
Der einzige Weg für den Gefangenen, diesem Drillsystem zu entkommen, ist die kollektive Aktion, die politische Or-

ganisierung, die Rebellion. Es scheint, daß die amerikanischen Gefängnisse weitaus eher als die europäischen Gefängnisse ein Ort politischer Aktion sein können. Die amerikanischen Gefängnisse spielen in zweifacher Hinsicht eine Rolle: zum einen als Ort der Bestrafung, wie es nun seit Jahrhunderten der Fall ist, und zum anderen als "Konzentrationslager", wie es sie in Europa während des Krieges und in Afrika zur Zeit der europäischen Kolonisation gab (in Algerien z.B. in der Periode, als die Franzosen dort waren). Man darf nicht vergessen, daß es in den Vereinigten Staaten mehr als eine Million Gefangene bei zweihundertundzwanzig Millionen Einwohnern gibt, im Vergleich zu Frankreich mit dreißigtausend bei fünfzig Millionen Einwohnern. Das Verhältnis ist keineswegs gleich. Zudem müßten in den Vereinigten Staaten einer von dreißig bis vierzig Schwarzen im Gefängnis sein: daran kann man die massive Aussonderungsfunktion des amerikanischen Gefängnisses sehen. Das Strafrechtssystem, das ganze System selbst der kleineren Verbote (zu viel Trinken, zu schnelles Fahren, Haschisch-Rauchen) dient als Instrument und als Vorwand für diese Praktik der radikalen Konzentration. Es ist kaum überraschend, daß der politische Kampf für Strafgerechtigkeit in den Vereinigten Staaten weiter fortgeschritten ist als in Frankreich.

J.K.S.: Eine der Sachen, die mir einfielen, war die Frage, ob solch ein Gefängnis im Kontext der amerikanischen Gesellschaft als ein Symbol betrachtet werden könnte, einfach als ein Mikrokosmos der Gesellschaft im allgemeinen oder - Sie sagten vor einem Augenblick, daß das Gefängnis den Schulen, so wie sie früher waren, ähneln würde...
M. F.: In Europa, in Europa...

J.K.S.: Ja, in Europa, aber in Amerika haben Sie nun viele Niemandsländer kennengelernt, Gegenden am Rande der Städte, Außenbezirke; Sie haben zu mir in recht präziser Weise von den drugstores in den Flughäfen gesprochen, Orte, die nirgendwo zu sein scheinen. Und selbstverständlich gibt es überall in unserer Gesellschaft Gitter wie jene im Gefängnis. Ist es solch ein großer Sprung von einem Stadtzentrum, von einem Ghetto zum Beispiel, in eine Gefängnissituation, so daß letztere nicht ohne weiteres als ein normaler Teil der amerikanischen Gesellschaft miteinbezogen werden kann, oder ist das Gefängnis nicht im Gegenteil einfach eine Erweiterung dieser Gesellschaft so wie sie ist: eine äußerste Grenze?

M. F.: Ich denke, daß Ihre Frage so ziemlich den springenden Punkt trifft, da Attica in der Tat Amerika stark ähnelt, auf jeden Fall dem Amerika, so wie es von einem Europäer gesehen wird, der wie ich, ein klein wenig Schwierigkeiten hat, sich zurechtzufinden, und der nicht sehr findig ist; damit will ich sagen: gigantisch, technologisch, jener Piranesi-Aspekt*, der sich in das Bild einfrißt, das viele Europäer von New York haben. Es stimmt, daß das, was wir gesehen haben, der amerikanischen Gesellschaft ähnelt, aber ich denke, man kann sich nicht einfach damit zufrieden geben zu sagen: "O ja, die amerikanischen Gefängnisse sind das Abbild der amerikanischen Gesellschaft, so wie die europäischen Gefängnisse das Abbild der europäischen Gesellschaft sind." Denn wenn man das zu oft sagt, dann sagt man schließlich, daß wir im Grunde alle im Gefängnis sitzen, daß man eigentlich auf der Straße, in einer Fabrik, in einem Wohnheim in ähnlicher Weise im Gefängnis ist. Es stimmt, daß wir in einem System fortwährender Überwachung und Bestrafung gefangen sind. Aber das Gefängnis ist nicht nur zum Bestrafen da, es ist ebenso Teil eines aussondernden Prozesses. Das Gefängnis bedeutet die physische Ausmerzung der Leute, die daraus entlassen werden, manchmal direkt infolge des Gefängnisses umkommen und fast immer indirekt, insofern wie sie keine Beschäftigung mehr finden können, nichts mehr zum Leben haben, ihre Familien nicht mehr in Ordnung bringen können, und von einem Gefängnis zum andern wandern, von einem Verbrechen zum nächsten, bis es schließlich damit endet, daß sie tatsächlich physisch ausgemerzt werden.

J.K.S.: Also dann, wo beginnen mit der Gefängnisreform? Denn gerade so wie beim Vietnamkrieg könnten sich die, welche die Gefängnisse reformieren wollen, selbst einer Täuschung hingeben, indem sie meinen, sie würden das Übel an der Wurzel packen, während sie einfach dafür sorgen,

---

* Piranesi, 1720-1778, ital. Kupferstecher, dessen Gefängnisbilder sehr berühmt wurden. (A.d.R.)

daß seine sichtbarsten Symptome verschwinden. Ist es folglich nicht eine Illusion, auf Reform innerhalb der Gefängnisse zu hoffen? Sind die Gefängnisse nicht so sehr Teil der Gesellschaftsfabrik, daß nichts erreicht werden kann, wenn man dort beginnt?
M. F.: Die G.I.P. (Gruppe "Gefängnis-Information"), die wir in Frankreich haben, beschäftigt sich nicht in erster Linie mit der Gefängnisreform. Unser Projekt ist sogar, wie ich denke, ganz radikal anders. In Frankreich (ich weiß, daß die Situation in Amerika aufgrund der Armee ein klein wenig anders ist) lasten Strafrechtssystem und Haftstrafen schwergewichtig und in hartnäckigster Weise auf einer bestimmten Randgruppe der Bevölkerung, die nicht in die bis zu einem gewissen Grad von den großen Gewerkschaften kontrollierte Arbeiterklasse integriert ist. Man hat uns oft von seiten gewisser politischer Organisationen erzählt, daß das Gefängnisproblem nicht Teil des proletarischen Kampfes ist. Dafür gibt es mehrere Gründe. Zum ersten ist die Randgruppe der Unterschicht, die andauernd mit der Polizei und dem Gesetz zu tun hat, zu einem Großteil aus Leuten zusammengesetzt, die sich außerhalb der Fabrik befinden. Ob ihre Arbeitslosigkeit nun freiwillig oder unfreiwillig ist, ihre Form der Opposition zur bürgerlichen Gesellschaft drückt sich nicht in Demonstrationen, politisch organisierten Kämpfen und betrieblichen oder ökonomischen Druckmitteln wie etwa Streiks aus. Der zweite Grund ist, daß die Bourgeoisie diese Randgruppe der Bevölkerung oftmals gegen die Arbeiterschaft einsetzt: sei es, daß man sie vorübergehend zu Arbeitskräften macht oder gar zur Verstärkung der Polizei heranzieht. Der dritte Grund ist, daß das Proletariat völlig von der bürgerlichen Ideologie durchdrungen ist, was Moral und Legalität, was Diebstahl und Verbrechen anbelangt.
Wir befinden uns also gegenwärtig in einem Stadium, in dem verschiedene Volksschichten die Konflikte und Widersprüche zu überwinden suchen, die durch das kapitalistische System zwischen ihnen hergestellt und aufrechterhalten wurden; in dem Kämpfe in den Fabriken mehr als früher üblich mit Kämpfen außerhalb der Fabrik (Wohnungskonflikte, die Frage der "Lebensqualität" usw.) verbunden sind; in dem erkannt wird, daß der allgemeine ideologische Kampf ein integraler Bestandteil des politischen Kampfes ist. Aus all

diesen Gründen ist die Isolation der Randgruppen der Unterschicht, anfangs unter dem vorherrschenden Einfluß des Drucks seitens der Polizei, im Begriff langsam zu verschwinden. Ihre Reintegration in die politischen Kämpfe ist das wichtigste Ziel unserer Gruppe.

J.K.S.: Im Hinblick darauf: die Geschichte, die Sie uns von Genet und der Unterscheidung, die zwischen bestimmten Typen von Gefangenen gemacht wurde, erzählt haben - wird diese Sache vom Proletariat in Frankreich wie auch in Amerika jetzt besser durchschaut?
M. F.: Sie beziehen sich offensichtlich auf das, was Jean Genet mir einmal über Gefängnisse erzählt hat. Während des Krieges war er in La Santé inhaftiert und sollte zum Palais de Justice überführt werden, um verurteilt zu werden; zu jener Zeit war es Brauch, den Gefangenen paarweise Handschellen anzulegen, um sie zum Palais de Justice zu führen. Gerade als Genet an einen anderen Gefangenen gekettet werden sollte, fragte jener den Wächter: "Was ist das für ein Kerl, an den ihr mich da kettet?", worauf der Wächter entgegnete: "Es ist ein Dieb." Bei diesen Worten nahm der andere Gefangene eine starre Haltung an und sagte: "Nein, ich bin ein politischer Gefangener, ich bin Kommunist, man wird mich nicht mit einem Dieb zusammenketten." Und Genet sagte mir, daß er von diesem Tag an gegenüber allen Formen politischer Bewegungen oder Aktionen, die wir in Frankreich erlebt haben, nicht nur Mißtrauen sondern eine gewisse Verachtung empfunden hat...

J.K.S.: Ich frage mich, in welchem Maße jene, die mit Politik zu tun haben, seit jener Zeit das Fehlen eines Unterschiedes zwischen den verschiedenen Formen von Gefangenen bemerkt haben, die Möglichkeit, daß diese anderen Gefangenen (Opfer der sozialen Probleme, die ja auch die Quelle ihres eigenen politischen Kampfes sind) zwar keine politischen Gefangenen im eigentlichen Sinne des Wortes sind, aber dafür - politisch betrachtet - in noch tiefergehender Weise als sie selbst Gefangene sind.
M. F.: Ich glaube, daß im Laufe des neunzehnten Jahrhunderts, wenn Sie so wollen, eine historische Wandlung eingetreten ist. Es ist nahezu sicher, daß die Arbeiterbewegungen und ihre Führer in Europa und besonders in Frankreich

gezwungen waren, sich vom gänzlich kriminellen Teil der Bevölkerung abzugrenzen, um den gewalttätigeren und brutaleren Formen der Polizeirepression zu entgehen. Es wurden Versuche unternommen, diese Arbeiterbewegungen als Organisationen von Mördern, als bezahlte Killer, Diebe, Alkoholiker usw. hinzustellen. Es ergab sich somit die Notwendigkeit, diesen Anschuldigungen und den daraus erwachsenden Strafen nicht zum Opfer zu fallen; somit fühlten sie sich auch verpflichtet, die Verantwortung für das ganze Moralsystem, das von der herrschenden Klasse kam, zu übernehmen, als sei es ihr eigenes, und schließlich die bürgerliche Teilung zwischen Tugend und Laster, die Achtung vor fremdem Eigentum usw. zu akzeptieren. Sie waren gezwungen, für sich selbst aufs neue eine Art moralischen Puritanismus zu schaffen, der für sie eine notwendige Überlebensbedingung und zudem ein nützliches Instrument im Kampf war. Diese Art moralischen Rigorismus blieb ihnen schließlich als Teil der proletarischen Alltagsideologie erhalten, und selbst jetzt, d.h. bis vor kurzer Zeit, wurde die Trennung von gewöhnlichen Straftätern und politischen Gefangenen vom Proletariat und seinen Gewerkschafts- und politischen Führern weiterhin gutgeheißen. Und schließlich müssen Sie all die Kämpfe, all die Mühen bedenken, die im neunzehnten Jahrhundert notwendig waren, damit die Arbeiterführer nicht wie Gauner behandelt und bestraft wurden.

Die Veränderung trat erst vor kurzem in Frankreich, zur Zeit der Inhaftierung bestimmter Maoisten ein. Als Maoisten ins Gefängnis gesteckt wurden, reagierten sie anfangs, es muß gesagt werden, ein wenig wie die traditionellen politischen Gruppen, d.h. sie sagten: "Wir wollen nicht mit den gewöhnlichen Kriminellen gleichgesetzt werden, wir wollen in der Vorstellung der Leute nicht mit ihnen durcheinandergebracht werden, und wir verlangen, wie politische Gefangene mit den Rechten politischer Gefangener behandelt zu werden." Dies war, so denke ich, so etwas wie ein politischer Fehler, was man ziemlich schnell merkte; es fanden Diskussionen über dieses Thema statt, und es war zu dieser Zeit, daß wir die G.I.P. gründeten. Die Maoisten verstanden schnell, daß die Ausmerzung der gewöhnlichen Gefangenen durch das Gefängnis im Grunde Teil des Systems der politischen Ausmerzung war, dessen Opfer sie selbst waren. Wenn man die Unterscheidung trifft, wenn man die Differenz akzeptiert zwischen politischem Recht und allgemeinem Strafrecht, bedeutet das, daß man bürgerliche Moral und bürgerliches Recht, was Achtung vor fremdem Eigentum, Achtung vor traditionellen moralischen Wertvorstellungen anbetrifft, im wesentlichen anerkennt. Die Kulturrevolution im weitesten Sinne impliziert, daß man, zumindest in einer Gesellschaft wie der unseren, nicht länger eine Unterscheidung zwischen gewöhnlichen Kriminellen und politischen Kriminellen machen kann. Allgemeines Recht ist Politik! Schließlich ist es die bürgerliche Klasse, die aus politischen Gründen und auf der Basis ihrer politischen Macht das definiert, was man allgemeines Strafrecht nennt.

J.K.S.: Was also die Maoisten verstanden, war nicht einfach ein politischer Fehler, den sie begangen hatten - ich meine, in den Augen der Öffentlichkeit, die Ansicht, sie würden sich selbst ausschließen, sie beabsichtigten, im Gefängnis eine Elite zu bleiben -, sondern es war etwas, das sie auch in Verbindung mit der Politik in einem viel tieferen Sinn lernten.
M. F.: So ist es. Ich glaube, daß es für sie eine wichtige Vertiefung ihres Verständnisses war, die Entdeckung, daß im Grunde beide: das Strafrechtssystem als Ganzes und das gesamte Moralsystem, Resultat eines von der Bourgeoisie errichteten Machtverhältnisses waren und ein Instrument für die Ausübung und Aufrechterhaltung dieser Macht darstellten.

J.K.S.: Wenn ich Ihnen so zuhöre, fällt mir eine Szene aus dem Film "Die Schlacht um Algier" ein. Es ist einfach ein Beispiel unter anderen, aber es gibt einen gewissen Asketismus auf seiten der Revolutionäre, der zur Folge hat, daß sie es ablehnen, Drogen zu sich zu nehmen, und mit Abscheu auf die Prostitution hinuntersehen. Ich erinnere mich an diesen Film, in dem die Helden als sehr rein dargestellt werden, und einer von ihnen lehnt es ab, mit einer Prostituierten mitzugehen. Diese Haltung scheint in Algerien tatsächlich noch weitverbreitet zu sein. In welchem Maße wird dieser Asketismus auf seiten gewisser Revolutionäre, die rein bleiben möchten (was sehr wahrscheinlich das Produkt einer bürgerlichen Erziehung ist), zu einer Eigenschaft, die die wirklichen Revolutionäre daran hindert, schließlich mit Erfolg in einer Volksbewegung akzeptiert zu werden?

M. F.: Man kann als Antwort auf Ihre erste Frage sagen, daß der Rigorismus des Revolutionärs sicherlich seine bürgerliche Herkunft oder auf jeden Fall eine kulturelle und ideologische Verwandtschaft mit der Bourgeoisie verrät. Trotzdem denke ich, daß wir das mit einem historischen Prozeß verbinden müssen; es scheint mir, daß seit Anfang des neunzehnten Jahrhunderts und selbst während der französischen Revolution Volkserhebungen zu ein und derselben Zeit von Bauern, kleinen Handwerkern, von den ersten Arbeitern und außerdem von jenen unruhigen, kaum in die Gesellschaft integrierten Elementen geführt wurden, die Strassenräuber, Schmuggler und dergleichen mehr sein mochten - auf jeden Fall alle, die vom herrschenden System der Legalität, der staatlichen Ordnung ausgestoßen waren. Und im neunzehnten Jahrhundert, im Laufe der politischen Kämpfe, die es dem Proletariat erlaubten, als eine Macht mit zwingenden Forderungen anerkannt zu werden, die es dem Proletariat erlaubten, trotzdem der gewaltsamen Aussonderung und Niederwerfung zu entgehen - im Laufe dieser politischen Kämpfe war das Proletariat gezwungen, irgendwie eine Trennungslinie zwischen sich und jedem anderen "aufgebrachten" Volk zu ziehen. Als Gewerkschaftsverbände gegründet wurden, mußten sie sich, um selbst anerkannt zu werden, von allen umstürzlerischen Gruppen und von all denen, die das Rechtssystem ablehnten, distanzieren: wir gehören nicht zu den Mördern, wir fallen weder über die Leute noch über ihre Habe her; wenn wir die Produktion stoppen, tun wir das nicht in einem Ausbruch völliger Zerstörungswut, sondern in Verbindung mit sehr klaren Forderungen. Die Familienmoral, die gegen Ende des achtzehnten Jahrhunderts in Volkskreisen absolut nichts galt, war zu Anfang des neunzehnten Jahrhunderts zu einem der Mittel geworden, durch das sich das Proletariat irgendwie Ansehen verschaffen konnte. Die Rechtschaffenheit des kleinen Mannes, der "gute" Arbeiter, der gute Vater, der gute Gatte, voll Achtung vor dem Rechtssystem - das ist das Bild, das die Bourgeoisie seit dem achtzehnten Jahrhundert dem Proletariat vorstanzte und einhämmerte, um es von jeder

Form der gewaltsamen Agitation, des Aufruhrs, jedem Versuch, die Macht und ihre Regeln an sich zu reißen, abzubringen. Dieses Bild griff das Proletariat auf und benutzte es in der Tat in einer oft sehr effektiven Weise zur Unterstützung seiner Kämpfe. Diese "Moralität" war bis zu einem gewissen Punkt der Ehekontrakt zwischen dem Proletariat und dem Kleinbürgertum während der gesamten zweiten Hälfte des neunzehnten Jahrhunderts, von 1848 bis zu Zola und Jaurès.
Nun zu Ihrer zweiten Frage: ist dieser Puritanismus nicht ein Hindernis für den revolutionären Führer? Ich würde sagen, heutzutage ja. Es finden sich in der Tat - zumindest ist das auf jeden Fall die Meinung unserer Gruppe - es finden sich heute in unseren Gesellschaften wahrhaft revolutionäre Kräfte, die sich aus den Schichten zusammensetzen, die kaum in die Gesellschaft integriert sind, jene Schichten, die ständig zurückgestoßen werden und die nun ihrerseits das bürgerliche Moralsystem zurückstoßen. Wie kann man mit ihnen in der politischen Auseinandersetzung zusammenarbeiten, wenn man nicht diese moralischen Vorurteile abschüttelt, die uns anhaften? Schließlich, wenn man den gewohnheitsmäßigen Arbeitslosen berücksichtigt, der einem sagt: "Ich, also ich ziehe es vor, nicht zu arbeiten, anstatt zu arbeiten." ; wenn man die Frauen, die Prostituierten, die Homosexuellen, die Drogenabhängigen usw. berücksichtigt, dann stößt man auf eine Kraft, die die Gesellschaft in Frage stellt, und ich denke, daß man kein Recht hat, diese Kraft im politischen Kampf außer acht zu lassen.

J.K.S.: Folgte man logisch der Richtung ihres Denkens, müßte man fast sagen, daß die, die sich für die Rehabilitierung der Gefangenen engagieren, vielleicht die schärfsten Feinde der Revolution sind. Und somit wäre der Typ, der uns durch Attica führte - wenn ich zu meiner ersten Frage zurückkommen darf - und der auf uns den Eindruck eines wohlmeinenden Burschen machte, "ordentlich", wie Sie sagen würden, aber vollkommen phantasielos, er wäre der gefährlichste Feind.
M. F.: Ja, ich denke, was Sie da sagen, ist völlig richtig. Sehen Sie, ich möchte nichts weiter ausführen, da Sie das Problem sehr gut dargelegt haben, aber dieser Mann, der für die Kulturprogramme in Attica verantwortlich ist und

der sich um unsere Besichtigung kümmerte, ich denke, man kann ebenso sagen, daß er in einem unmittelbaren Sinne gefährlich ist. Einer der früheren Gefangenen aus Attica, den ich nach unserer Besichtigung sah, sagte mir: "Er ist einer der bösartigsten unter den Wächtern."
Aber später trafen wir einige Psychologen, zweifellos sehr nette Leute, sehr liberal, die die Dinge mit ziemlicher Genauigkeit sahen. Anderer Leute Eigentum stehlen, einen Banküberfall zuwege bringen, Prostitution betreiben, mit einem Mann schlafen, wenn man selbst einer ist - wenn diese Handlungen für sie psychologische Probleme darstellen, bei deren Lösung sie dem Individuum helfen müssen, sind sie dann nicht auch im Grunde Komplizen des Systems? Verschleiern sie nicht die Tatsache, daß letzten Endes das Begehen eines Delikts, das Begehen eines Verbrechens die Gesellschaft in fundamentaler Weise in Frage stellt? So fundamental, daß wir vergessen, daß das sozial ist, und den Eindruck gewinnen, es ginge um Moral, es hätte mit den Menschenrechten zu tun...
Sie sehen, in welcher Weise man das Problem darstellen kann. So daß ich dem, was Sie sagen, völlig beipflichte: verschleiert nicht alles, was die Reintegration angeht, alles, was eine psychologische oder individuelle Lösung des Problems ist, den zutiefst politischen Charakter sowohl der Aussonderung dieser Menschen durch die Gesellschaft als auch des Angriffs dieser Menschen gegen die Gesellschaft. Ich glaube, daß dieser ganze tiefgehende Kampf politischer Natur ist. Verbrechen ist "ein Staatsstreich von unten". Dieser Satz ist aus "Les Misérables" von Victor Hugo.

Aus dem Amerikanischen von Hans-Ulrich Möhring

VERBRECHEN UND STRAFEN IN DER SOWJETUNION UND ANDERSWO
Ein Gespräch mit K.S. Karol

K.S. KAROL: Wachtürme, Stacheldrahtverhaue, Polizeihunde, Gefangenentransporte in Lastwagen: diese klassischen Bilder aus der Welt der Konzentrationslager konnten die Fernsehzuschauer vor einiger Zeit in dem ersten in den Westen gelangten Filmdokument über ein sowjetisches Straflager wiederfinden.
Zuerst haben die Sowjets die Echtheit des Dokuments bestritten. Später haben sie die Existenz dieses Lagers zugegeben, haben aber zu seiner Rechtfertigung behauptet, daß darin nur "gemeine" Häftlinge festgehalten werden. Und in Frankreich haben viele Leute gedacht: Nun gut, wenn es sich nicht um politische Gefangene handelt... Was halten Sie von den Bildern und den Reaktionen?
M. FOUCAULT: Die Sowjets haben zuerst zu meinem großen Erstaunen gesagt: "Es ist nichts Anstoßerregendes an diesem Lager: der Beweis dafür liegt darin, daß es mitten in einer Stadt liegt; jeder kann es sehen." Als ob die Tatsache, daß ein Konzentrationslager in einer großen Stadt errichtet ist (in diesem Falle Riga) und es gar nicht notwendig ist, es zu verbergen (im Gegensatz zu KZs der Nazis), eine Entschuldigung wäre. Als ob die Unverschämtheit, das, was man tut, dort, wo man es tut, nicht zu verbergen, überall anderswo das Schweigen rechtfertigen könnte! Hier funktioniert der Zynismus als Zensur - wie bei Cyrano, der sagt: "Da meine Nase mitten in meinem Gesicht gewaltig ist, dürft ihr darüber nicht sprechen." Als ob nicht in dieser Gegenwart eines Lagers in einer Stadt das Wappenschild einer Macht zu sehen wäre, die sich ohne Scham behauptet - wie in unseren Stadtverwaltungen, Polizeipräsidien und Gefängnissen. Unabhängig davon, ob es sich um "politische" Gefangene handelt, ist die Errichtung eines Lagers an einem so sichtbaren Ort und mit dem davon ausgehenden Terror selber etwas Politisches. Die Stacheldrahtverhaue, die an die Mauern der Häuser anschließen und die sich kreuzenden Lichtbündel und der Schritt der Wachen in der Nacht - das ist politisch. Und es ist eine bestimmte Politik.
Die zweite Sache, die mich verwundert hat, war das von Ih-

nen zitierte Argument, daß es sich nicht um politische Häftlinge handle. Nun hat der Stellvertretende Minister für Justiz der Sowjetunion klargestellt, daß es in der Sowjetunion nicht einmal den Begriff des politischen Gefangenen gibt. Verurteilt werden nur solche, die das gesellschaftliche System und den Staat durch Hochverrat, Spionage, Terrorismus, falsche Informationen, schädliche Propaganda gefährden. Im Grunde definierte er damit genau das, was anderswo als politisches Delikt gilt.
Das ist sowohl logisch wie auch befremdend. Tatsächlich muß im sowjetischen System - ob es sich um eine "Diktatur des Proletariats" oder um den "Staat des gesamten Volkes" handelt, fragen Sie den KPF-Chef Marchais - die Unterscheidung zwischen der politischen und der gemeinen Strafjustiz verschwinden. Aber zugunsten der politischen, scheint mir. Jeder Angriff auf die Gesetzlichkeit - ob es sich um einen Diebstahl oder den geringsten Betrug handelt - ist nicht ein Angriff auf private Interessen, sondern auf die ganze Gesellschaft, auf das Eigentum des Volkes, auf die sozialistische Produktion, auf den politischen Körper. Ich würde die Sowjets verstehen, wenn sie sagten: "Es gibt bei uns keinen einzigen 'kriminellen' Häftling, weil es kein Vergehen mehr gibt, das nicht politisch ist. Die gesamte Strafjustiz ist politisch geworden." Dem sowjetischen Minister ist zu antworten: "Sie sind ein Lügner; Sie wissen, daß Sie politische Gefangene haben. Und wie können Sie nach 60 Jahren Sozialismus überhaupt noch 'gemeine' Kriminelle haben?"
Wenn man allerdings die Strafjustiz "politisierte", so würde man sich der Verachtung berauben, welche die 'gemeinen' Kriminellen trifft und die allgemeine Zustimmung zur Strafjustiz wesentlich trägt. Und die Reaktion auf das Vergehen würde dann ebenso politisch wie seine Beurteilung. So aber scheinen die Wachtürme, die Hunde, die langen grauen Barackenlager nur deswegen politisch zu sein, weil sie für immer und ewig mit Hitler und Stalin verbunden bleiben, die sich mit ihrer Hilfe ihrer Gegner entledigten. Als Straftechniken (Haft mit Entbehrungen, Zwangsarbeit, Gewalt, Erniedrigungen) stehen sie jedoch dem alten, im 18. Jahrhundert erfundenen Strafapparat nahe. Die Sowjetunion straft nach der Methode der "bürgerlichen" Ordnung, die seit zwei Jahrhunderten besteht. Und anstatt sie zu verän-

dern, hat sie sie verschärft und bis zum äußersten gesteigert. Was vor den Augen der Fernsehzuschauer vorüberzuziehen schien, war unter den Wagenplanen, zwischen den Hunden und Maschinengewehren die unvordenkbare Kette der Galeerensträflinge, unter die sich die Gespenster aus Dachau mischten: es war das Schauspiel, mit dem die Mächte seit zwei Jahrhunderten Schrecken erzeugen.

K.S.K.: Liegt die Erklärung dieser Paradoxe nicht in der Tatsache, daß die Sowjetunion behauptet, sozialistisch zu sein, es in Wirklichkeit aber nicht im geringsten ist? Daraus ergeben sich mit Notwendigkeit die Heuchelei der sowjetischen Führer und die Widersprüchlichkeit ihrer offiziellen Rechtfertigungen. Seit einiger Zeit scheint es offenkundig geworden zu sein, daß diese Gesellschaft nicht imstande ist, sich selbst zu korrigieren, wie man beim 20. Parteitag noch hoffen konnte. Ihre Mängel sind nämlich strukturell, sie liegen in der Produktionsweise und nicht nur auf der Ebene einer mehr oder weniger bürokratisierten politischen Führung.
M.F.: Wenn die Sowjets das System des Eigentums und die Rolle des Staates bei der Kontrolle der Produktion verändert haben, so haben sie doch im übrigen die Techniken der Verwaltung und Machtausübung übernommen, die im kapitalistischen Europa des 19. Jahrhunderts entwickelt worden waren. Die Formen der Moralität, der Ästhetik, der Disziplin, die um 1850 in der bürgerlichen Gesellschaft in Kraft waren, sind en bloc in das sowjetische System übergegangen. Das System der Haft z.B. ist als verallgemeinertes Strafsystem im 18. Jahrhundert erfunden worden und im Laufe des 19. Jahrhunderts im Zusammenhang mit der Entwicklung der kapitalistischen Gesellschaften und des diesen Gesellschaften entsprechenden Staates eingeführt worden. Das Gefängnis ist übrigens nur eine der Machttechniken, die zur Entwicklung und Kontrolle der Produktivkraft notwendig waren. Die Arbeitsdisziplin, die Schuldisziplin, die Militärdisziplin, überhaupt alle Existenzdisziplinen waren technische Erfindungen jener Epoche. Nun kann jede Technik übertragen werden. Wie die Sowjets den Taylorismus und andere im Westen erprobte Organisationsmethoden übernommen haben, haben sie unsere Disziplinartechniken übernommen und durch die Parteidisziplin erweitert.

K.S.K.: Mir scheint, daß die Sowjetbürger noch weniger als die Westeuropäer die politische Bedeutung all dieser Mechanismen durchschauen. So findet man bei den Regimegegnern eine große Voreingenommenheit gegen die 'gemeinen' Kriminellen. Liest man ihre Beschreibung bei Solschenyzin, so läuft es einem kalt den Rücken hinunter. Er schildert sie als Untermenschen, die sich nicht einmal in einer Sprache ausdrücken können, und bringt ihnen nicht das geringste Mitleid entgegen.

M. F.: Die Feindseligkeit derer, die sich in der Sowjetunion als politische Gefangene betrachten, gegenüber den 'gemeinen' Gefangenen, muß zweifellos jeden schockieren, der an der Wurzel der Delinquenz Elend, Revolte, Widerstand gegen Ausbeutungen und Unterwerfungen vermutet. Jedoch muß man die Dinge in ihrer taktischen Relativität sehen und in Rechnung stellen, daß die 'gemeinen' Häftlinge in der Sowjetunion ebenso wie in Frankreich und anderswo von der Macht sehr stark kontrolliert, unterwandert, manipuliert sind. Die Widerspenstigen sind in der Minderheit und die Gefügigen in der Mehrheit - das trifft für die Delinquenten ebenso zu wie für die Nicht-Delinquenten. Glauben Sie, daß man das Gefängnis-Strafsystem, dessen Hauptwirkung der Rückfall ist, so lange aufrechterhalten hätte , wenn nicht die Delinquenz auf die eine oder andere Weise nützlich wäre? Schon im 19. Jahrhundert hat man gesehen, daß das Gefängnis in den meisten Fällen aus einem Verurteilten einen lebenslänglichen Delinquenten macht. Glauben Sie, daß man nicht andere Strafmittel gefunden hätte, wenn nicht gerade diese Professionalisierung des Delinquenten die Aufstellung einer "Reservearmee der Macht" ermöglicht hätte - um verschiedene Handelszweige wie die Prostitution aufrechtzuerhalten, um Spitzel, Handlanger, Streikbrecher oder Leibwächter für Politiker zu liefern? Es gibt eine alte Gegnerschaft zwischen den 'gemeinen' und den politischen Gefangenen. Zumal es immer die Taktik aller Mächte gewesen ist, sie in einen Topf zu werfen: in den Topf der "egoistischen" und hemmungslosen Kriminalität.

Damit will ich nicht sagen, daß die 'gemeinen' Kriminellen in der Sowjetunion treue Diener der Macht sind. Aber ich frage mich, ob es nicht für die politischen Gefangenen, die sich unter äußerst schweren Bedingungen zu schlagen haben, notwendig ist, sich von der Masse der Kriminellen abzusetzen und zu zeigen, daß ihr Kampf nicht der "der Diebe und Mörder" ist, mit denen man sie gleichsetzen möchte. Aber vielleicht ist das nur eine taktische Frage. Jedenfalls scheint es mir schwierig, die Haltung der sowjetischen Dissidenten zu tadeln, die mit den 'gemeinen' Häftlingen nicht in einen Topf geworfen werden wollen. Ich glaube, daß auch die Widerstandskämpfer während der Okkupation Frankreichs aus politischen Gründen Wert darauf legten, nicht mit Schwarzhändlern gleichgesetzt zu werden, deren Schicksal übrigens weniger schrecklich war. Wenn Sie mir dieselbe Frage für ein Land wie das heutige Frankreich stellen, fällt meine Antwort anders aus. Mir scheint, daß man die große Abstufung sichtbar machen müßte, die vom geachteten oder zumindest geduldeten parlamentarischen Lobbyisten, vom Waffen- oder Drogen-Großhändler, der sich der Gesetze bedient, bis zu dem kleinen Dieb reicht, der die Gesetze ablehnt und mißachtet und dafür verfolgt und bestraft wird; man müßte zeigen, welche Grenze hier durch die Strafmaschine gezogen wird. Der entscheidende Unterschied liegt hier nicht zwischen 'gemeinen' Kriminellen und politischen Gegnern, sondern zwischen den Nutznießern des Gesetzes, die gewinnbringende und geduldete Gesetzwidrigkeiten praktizieren, und den stümperhaften Gesetzwidrigkeiten, die der Strafapparat zur Herstellung von Dauerdelinquenten benutzt.

K.S.K.: Andererseits gibt es in der Sowjetunion wie bei uns eine tiefe Kluft zwischen den Volksschichten und den Sträflingen. Vor kurzem sah ich im italienischen Fernsehen einen Friedhof in einem Gefängnishof. Hier werden diejenigen eingescharrt, die "im Vollzug" gestorben sind. Die Familien holen ihre sterblichen Überreste nicht heim - wegen der hohen Transportkosten, aber vor allem wegen der Schande. Diese Bilder schienen mir von tiefer gesellschaftlicher Bedeutung zu sein.

M. F.: Der Bruch zwischen der öffentlichen Meinung und den Delinquenten hat denselben historischen Ursprung wie das Kerkersystem. Oder vielmehr ist er einer der wichtigsten Gewinne, die die Macht aus diesem System hat. Bis zum 18. Jahrhundert - und in einigen Gebieten Europas bis zum 19. oder gar bis zum Beginn des 20. Jahrhunderts - gab es zwischen den Delinquenten und der Bevölkerung nicht diese Feindseligkeit, die heute herrscht. Die Kluft zwischen

Reichen und Armen war so tief, die Feindschaft zwischen ihnen so groß, daß der Dieb als Entwender von Reichtümern bei den ärmsten Volksschichten durchaus Anklang fand.
Bis zum 17. Jahrhundert konnte man aus dem Banditen oder Räuber ohne weiteres einen Volkshelden machen. Mandrin, Guiellery und andere haben in der Mythologie des Volkes ein Bild hinterlassen, das bei allen Schatten sehr positiv war. Dasselbe gilt für korsische und sizilianische Banditen, für neapolitanische Räuber... Diese vom Volk tolerierte Gesetzwidrigkeit wurde schließlich zu gefährlich, als die üblichen Diebereien und Betrügereien in der Industrie und im Leben der Stadt zu hohe Ausfälle verursachten. Darum wurde allen Klassen der Gesellschaft eine neue ökonomische Disziplin auferlegt (Rechtschaffenheit, Genauigkeit, Sparsamkeit, absoluter Respekt des Eigentums).
Man mußte einerseits den Reichtum besser schützen und andererseits dafür sorgen, daß das Volk gegenüber den Gesetzwidrigkeiten eine eindeutig negative Haltung annehme. Auf diese Weise hat die Macht - mit Hilfe des Gefängnisses - ein Delinquentenmilieu geschaffen, das ohne wirkliche Kommunikation mit den Volksschichten war und von ihnen kaum geduldet wurde und das aufgrund dieser Isolierung von der Polizei leicht durchsetzt werden konnte - und im Laufe des 19. Jahrhunderts eben jene Ideologie des "Milieus" entwickelt hat. Man darf sich heute nicht wundern, in der Bevölkerung ein Mißtrauen, eine Verachtung, einen Haß gegen den Delinquenten zu finden: es handelt sich um das Resultat von 15o Jahren politischer, polizeilicher, ideologischer Arbeit. Und ebenso wenig darf man sich wundern, daß sich in der Sowjetunion heute dasselbe Phänomen zeigt.

K.S.K.: Einen Monat nach der Fernsehübertragung des Dokuments über das Lager von Riga hat die Freilassung des Mathematikers Leonid Pljuschtsch einen anderen seit langem bekannten Aspekt der Unterdrückung in der Sowjetunion in Erinnerung gerufen: die Internierung von Regimegegnern in psychiatrischen Anstalten.
M. F.: Die Internierung eines politischen Dissidenten in einem Asyl ist besonders paradox in einem Land, das sich sozialistisch nennt. Wenn es um einen Mörder oder Gewaltverbrecher ginge, könnte es vielleicht gerechtfertigt sein,

die Motive der Tat in der Pathologie des Täters zu suchen und ihn durch eine angemessene Behandlung heilen zu wollen - jedenfalls ist es nicht unlogisch. Hingegen ist der politische Dissident (der das System nicht akzeptiert, nicht versteht, sondern ablehnt) von allen Bürgern der Sowjetunion derjenige, der keinesfalls als Kranker angesehen werden dürfte. Er müßte Gegenstand einer rein politischen Intervention sein, die ihm die Augen öffnen, sein Bewußtseinsniveau heben und ihm verständlich machen müßte, inwiefern die sowjetische Wirklichkeit einsichtig und notwendig, wünschenswert und liebenswert ist. Tatsächlich sind aber die Regimegegner mehr als sonst jemand Gegenstand von Heilbehandlungen. Wird damit nicht von vornherein zugestanden, daß es nicht möglich ist, jemanden mit Vernunftgründen von der Grundlosigkeit seiner Opposition zu überzeugen? Bedeutet das nicht, daß die sowjetische Wirklichkeit nur mit tyrannischen Methoden, nämlich durch pharmazeutische Manipulation von Hormonen und Neuronen, annehmbar gemacht werden kann? Kann die sowjetische Wirklichkeit nur unter der Einwirkung von Largactyl* liebenswert erscheinen? Ist sie so beunruhigend, daß man sie nur mit Hilfe von Beruhigungsmitteln erträglich machen kann? Haben die politischen Führer auf die Vernünftigkeit ihrer "Revolution" verzichtet, um sich auf die Aufrechterhaltung der Gefügigkeit zu beschränken? Letztlich ist es dieser grundlegende Verzicht auf den sozialistischen Entwurf, der die in der Sowjetunion eingesetzten Straftechniken erklärt.

K.S.K.: Gleichwohl hat es da eine Entwicklung gegeben. Der Unterdrückungscharakter des Systems hat sich sehr gemildert. Unter Stalin mußte jeder Angst haben: wer heute Fabrikdirektor war, konnte morgen im Lager sein. Jetzt hingegen gibt es eine Reihe von Leuten, die man nicht angreift. Wer Mitglied der Akademie der Wissenschaft ist, kommt nicht ins Gefängnis. Sacharow ist noch immer frei, und von den 600 Akademiemitgliedern haben nur 70 die Erklärung gegen Sacharow unterzeichnet. Die übrigen konnten es sich also erlauben, nicht zu unterzeichnen. Vor 20 Jahren wäre das unvorstellbar gewesen.

* starkes Neuroleptikum, das narkotisch und hypnotisch wirkt. (A.d.R.)

M. F.: Sie sagen, daß sich der Terror abgeschwächt hat. Gewiß. Aber im Grunde ist der Terror gar nicht der Gipfel der Disziplin, sondern ihre Niederlage. Unter Stalin konnte der Polizeichef selbst nach einer Sitzung des Ministerrates verhaftet und hingerichtet werden. Kein Chef des Staatssicherheitsdienstes (NKWD) ist in seinem Bett gestorben. In diesem System konnte man Erschütterung und Veränderung nicht ausschließen: es konnte etwas passieren. Der Terror ist immer umkehrbar: er wendet sich gegen diejenigen, von denen er ausgeht. Die Angst ist ein Zirkel, in den alle eingeschlossen sind. Sobald jedoch die Minister, die Polizeikommissare, die Akademiemitglieder, alle Verantwortlichen der Partei unabsetzbar werden und für sich selbst nichts mehr fürchten müssen, wird sich die Disziplin über ihnen voll durchsetzen, ohne daß es die geringste Möglichkeit eines Umschlags gibt. Die Disziplin herrscht ungetrübt und ungefährdet.

Ich glaube, daß die Gesellschaften des 18. Jahrhunderts die Disziplin erfunden haben, weil die großen Terrormechanismen zu kostspielig und zu gefährlich geworden waren. Was war seit der Antike der Terror? Die Armee, der man eine Bevölkerung auslieferte und die brandschatzte, plünderte, vergewaltigte, hinmordete. Wollte sich ein König für einen Aufstand rächen, so ließ er seine Truppen los. Diese spektakuläre, aber kostspielige Methode kann man sich nicht mehr leisten, sobald man eine sorgfältig kalkulierte Wirtschaft hat und Ernten, Manufakturen, industrielle Anlagen nicht aufs Spiel setzen kann. Also muß man etwas anderes finden: die emsigen, gleichmäßigen, unauffälligen Disziplinen.

Das Konzentrationslager steht in der Mitte zwischen dem großen Terror und der Disziplin, sofern es einerseits mit Angst und Tod operiert und andererseits die Leute einer Disziplin unterwirft, wie sie sich zehnfach, hundertfach, tausendfach vervielfältigt auch in der Kaserne, im Spital, in der Fabrik findet...

K.S.K.: Man stößt hier auf die meines Erachtens ganz falsche, jedoch so vielen Strafsystemen gemeinsame Idee, daß die körperliche Arbeit ein Erlösungsmittel ist.

M. F.: Das war bereits im europäischen Strafsystem des 19. Jahrhunderts enthalten. Beging jemand ein Verbrechen, so dachte man, lag es daran, daß er nicht arbeitete. Wenn er gearbeitet hätte, wenn er in das Disziplinarsystem integriert gewesen wäre, welches das Individuum an die Arbeit bindet, so hätte er das Verbrechen nicht begangen. Wie soll man ihn also bestrafen? Natürlich durch Arbeit. Paradoxerweise ist aber die Arbeit, die als wünschenswert und als Mittel der Wiedereingliederung in die Gesellschaft gilt, in Wirklichkeit ein Instrument der körperlichen Züchtigung, da der Häftling zur geistlosesten, eintönigsten, brutalsten, erschöpfendsten Arbeit gezwungen wird, die sogar zum Tode führen kann. Die Arbeit gilt als Züchtigung, als Prinzip der moralischen Umkehr, als Technik der Wiedereingliederung, als Kriterium der Besserung und als Endzweck. Noch paradoxer ist ihr Einsatz in der Sowjetunion. Entweder ist die Arbeit der Häftlinge von derselben Art wie die aller sowjetischen Arbeiter: wie kann dann diese nicht mehr entfremdete, nicht ausgebeutete, sozialistische Arbeit so abscheulich sein, daß sie nur zwischen Stacheldrahtverhauen und Wachhunden verrichtet wird? Oder es handelt sich um eine Unter-Arbeit, eine Straf-Arbeit: sollen wir glauben, daß ein sozialistisches Land die moralische und politische Umerziehung seiner Bürger mit Hilfe einer entwürdigenden Karikatur von Arbeit bewerkstelligt? Übrigens scheint mir, daß es diese paradoxe Verwendung der Arbeit auch in China gibt.

K.S.K.: Darf ich daran erinnern, daß mein Abscheu gegen das System der stalinistischen wie auch sonstwelcher Lager aus der Praxis kommt: ich habe mehr als ein Jahr in einem sowjetischen Lager verbracht und in Armenien am Bau einer großen Brücke teilgenommen, die man heute stolz den Touristen zeigt. Weniger als irgendjemand möchte ich darum die Unterdrückung entschuldigen, wo sie auch zu finden sei. So habe ich mich z.B. in China geweigert, ein Mustergefängnis zu besuchen, weil mir diese Art von Interview zwischen einem freien Mann und einem hinter Gittern falsch, heuchlerisch und wertlos erscheint.
Dennoch glaube ich, daß die Lage in China etwas anders ist. Einmal lehnt die chinesische Führung die Übernahme des westlichen oder sowjetischen Industrialisierungsmodells ab. Es setzt auf eine ganz andere Entwicklung und legt das Schwergewicht nicht auf die Großindustrie zum Nachteil der Landwirtschaft. Das modifiziert bereits beträchtlich jene "Disziplin", die mit der "klassischen" Industrialisierung ver-

bunden ist. So kennen 80% der Chinesen, diejenigen, die auf dem Land leben, das Gefängnis praktisch überhaupt nicht. Man sagt ihnen: "Regelt eure Probleme selber und schickt uns nur in Ausnahmefällen, wenn es sich um Blutverbrechen handelt, Leute zur Haft."
Danach bleibt festzustellen, daß es tatsächlich Lager gibt. Aber in diesen Lagern bedient sich das Regime der Delinquenten nicht zur Durchsetzung der Disziplin, wie es auch außerhalb kein "Milieu" unterhält, um die Gesellschaft zu überwachen und zu kontrollieren. Nach den vorliegenden Zeugnissen, die zum Teil von Antikommunisten stammen, handelt es sich um eine sehr verdienstvolle Neuerung. Dies umso mehr, als China 1949 als eines der ärmsten Länder der Welt galt (viel weniger entwickelt war als Rußland 1917) und auf dem Gebiet des organisierten Verbrechens und der Prostitution alle Rekorde schlug. Niemand behauptet, daß diese sehr arme Gesellschaft heute bereits alle Gewalt und Delinquenz beseitigt hat. Aber das chinesische Strafsystem versucht immerhin, die Leute in die Gesellschaft wieder einzugliedern, indem es sie politisch umerzieht, anstatt sie durch Mißhandlung zu Rückfälligen und "Dauerdelinquenten" zu machen.
Die Fälle, die man zitieren kann, sind zweifellos Einzelfälle, aber dennoch bezeichnend. Sprechen wir nicht vom chinesischen Kaiser, der sich zur Marionette der Japaner gemacht hatte und dann eine Großmut erfahren hat, wie sie Souveränen kaum jemals gewährt wurde. Aber die Amnestie, die dieses Jahr "den großen Kriegsverbrechern" des Kuomingtang gewährt wurde, gibt zu denken. Ist es vorstellbar, daß die Sowjets 20 Jahre nach dem Sieg Koltschak, Denikin, Wrangel freigelassen und erklärt hätten: "Wenn Sie bleiben wollen, wird Ihnen der Staat jede Hilfe zukommen lassen. Wenn Sie zu Ihren alten Waffenbrüdern im Ausland wollen, dann gehen Sie!"? Damit scheinen die chinesischen Führer zu zeigen, daß sie keine Angst haben vor dem, was diese ehemaligen Häftlinge über ihre Haft erzählen können. Hingegen hat sich Taiwan geweigert, ihnen die Einreise zu gestatten...
Schließlich gibt es die während der "Kulturrevolution" ausgebooteten Funktionäre, die heute fast alle wieder in ihre Stellungen einziehen. Die Gründe und Mechanismen dieser Rehabilitierung hätte man der öffentlichen Meinung gewiß

besser erklären können. Tatsache ist, daß eine so massive Rückkehr von "Gesäuberten" in der Geschichte der postrevolutionären Gesellschaften ohne Beispiel ist. Das gibt zu denken.
Für mich ist ein System der Bestrafung und Rehabilitierung "durch körperliche Arbeit" in China nicht annehmbarer als anderswo. Nach der sowjetischen Enttäuschung wäre es wahnsinnig, die Gefahr herunterzuspielen, die auch "verbesserte" Arbeitslager für das Ziel des Sozialismus darstellen. Ich möchte nur betonen, daß die Chinesen mit ihrem anderen Entwicklungsmodell immer noch die besten Chancen haben, die Katastrophen zu vermeiden, die Stalin in den 20er Jahren mit seiner brutalen Industrialisierung eingeleitet hat.
M. F.: Ich verfüge nicht über präzises Material, das gegen China spricht, während ich zu systematischem Mißtrauen gegen die Sowjetunion Grund zu haben glaube. Aber ich will sogleich etwas sagen. Sie haben gesagt, daß die Chinesen die Leute nicht umbringen. Das ist sehr gut. Wenn ein politischer Fehler begangen worden ist, so erziehen sie vielleicht den Schuldigen um. Aber steht es nicht um die Erziehung derer, von denen der Fehler begangen wurde, ziemlich schlecht? Nehmen wir die Affäre Lin Piao. Ich weiß nicht, ob die in dieses "politische Verbrechen" verstrickten Personen umerzogen wurden. Aber ich meine, daß das chinesische Volk andere Erklärungen dieser Affäre als die tatsächlich gelieferten verdient.

K.S.K.: Ich bin derselben Meinung und habe das auch in meinem Buch "La Deuxième Révolution chinoise" geschrieben.
M.F.: Ich bin begeistert davon, daß der Kaiser Pu-Yi inmitten seiner Tulpen gestorben ist. Aber etwas anderes macht mir Kummer. Es handelt sich um den kleinen homosexuellen Friseur, dem in einem Konzentrationslager öffentlich eine Kugel durch den Kopf gejagt wurde. Pasqualini hat es gesehen und berichtet davon in seinem Buch "Prisonnier de Mao". Dieses Buch ist das einzige zuverlässige Dokument über das chinesische Strafsystem, und ich habe es nirgendwo widerlegt gefunden.
Etwas wird beim Lesen Ihres eigenen Buches ganz deutlich: bestimmte Methoden, mit denen die "roten Garden" während der "Kulturrevolution" Leute von ihrer Schuld überzeugten,

umerzogen, disqualifizierten oder lächerlich machten, entsprechen genau dem, was Pasqualini erzählt. Es ist, als ob die innerhalb der Lager üblichen Verfahren plötzlich wie 100.000 Blumen im China der "Kulturrevolution" aufgeblüht wären. Erschreckend ist die Ähnlichkeit zwischen den Szenen, die während der "Kulturrevolution" von Millionen Zeugen mitangesehen wurden, und den Szenen, die sich einige Jahre zuvor in den Lagern abspielten. Man hat den Eindruck, daß die Technik der Lager durch einen gewaltigen Windstoß über das ganze Land hin verbreitet worden ist.

K.S.K.: Die Kritik am Verhalten der "Roten Garden", die Mao 1970 in seinem Interview mit Snow äußerte, war ebenso streng wie die Ihrige, wenn er auch den Ursprung des Phänomens nicht im Funktionieren der Lager sieht. Und trotz einer gewissen Enttäuschung befürwortet Mao für die Zukunft neue Kulturrevolutionen und ruft zur Gründung der "Schule mit offenen Türen", der völlig umgestalteten und anti-elitären Universität, der Armee ohne Dienstgrade und der möglichst wenig hierarchisierten Fabrik auf. Glauben Sie nicht, daß diese Maßnahmen mit den Disziplinartechniken völlig unvereinbar sind, die in allen diesen Bereichen während der Industrialisierung in Europa (und später in der Sowjetunion) entwickelt worden sind?
M. F.: Ich kann nicht nein sagen und sage darum vorläufig ja. Aber kommen wir zum Problem der Strafe in seiner allgemeinen Dimension zurück. Lange hat man sich darum Gedanken gemacht, was zu bestrafen ist und wie man strafen muß. Jetzt sind ganz merkwürdige Fragen aufgetaucht: Muß man strafen? Woher kommt die anscheinend so selbstverständliche Verbindung von Verbrechen und Strafe? Daß man ein Verbrechen bestrafen muß, scheint uns vertraut und notwendig. Und doch liegt darin ein Dunkles, das uns zweifeln macht. Unübersehbar ist doch die Erleichterung aller - der Richter, der Verteidiger, der öffentlichen Meinung und Journalisten -, wenn die vom Gesetz und der Wahrheit geweihte Gestalt des Arztes (oder Psychiaters oder Psychologen) auftritt und spricht: "Aber bitte beruhigen Sie sich! Haben Sie keine Angst, wenn Sie urteilen. Sie werden ja nicht strafen, sondern dank meiner Mithilfe werden Sie resozialisieren und heilen." "Also gut: in den Knast!" sagen dann die Richter zum Angeklagten. Und sie erheben sich und waschen

sich die Hände in Unschuld.

Eine "andere Lösung" für die Bestrafung vorschlagen hiesse hinter das Problem zurückfallen, das weder den rechtlichen Rahmen noch die Technik des Strafens betrifft, sondern die Macht dessen, der straft.

Aus diesem Grunde interessiere ich mich für das Problem des Strafsystems in der Sowjetunion. Natürlich kann man sich über die theoretischen Widersprüche der sowjetischen Strafpraxis lustig machen. Aber es sind Theorien, die töten, und Widersprüche aus Blut und Tränen. Man kann sich auch darüber wundern, daß die Sowjets nicht imstande waren, neue Antworten auf Verbrechen, Widerstände oder sonstige Vergehen zu entwickeln. Man kann, ja man muß sich darüber empören, daß sie auf die strengsten Methoden der Bourgeoisie vom Beginn des 19. Jahrhunderts zurückgegriffen haben und sie in unerhörter Weise ins unendlich Große und ins unendlich Kleine vorwärtsgetrieben haben.

Die Mechanik der Macht, die Systeme der Kontrolle, der Überwachung und Bestrafung sind dort in ungekannten Dimensionen dieselben, deren sich die Bourgeoisie in ihren Anfängen bedient hat, um ihre Herrschaft eine Zeit lang zu festigen. Von vielen erträumten oder wirklichen Sozialismen ist zu sagen: zwischen der Analyse der Macht im bürgerlichen Staat und der These von seinem künftigen Absterben fehlen die Analyse, die Kritik, die Erschütterung und der Abbau der Machtmechanismen. Der Sozialismus, die Sozialismen brauchen nicht eine neue Charta der Freiheiten oder eine neue Erklärung der Menschenrechte: das sind unnütze Spielereien. Wenn sie verdienen wollen, geliebt zu werden, anstatt anzuwidern, wenn sie herbeigesehnt werden wollen, müssen sie auf die Frage der Macht und ihrer Ausübung antworten. Sie müssen eine Ausübung der Macht erfinden, die nicht Angst macht. Das wäre das Neue.

Aus dem Französischen von Walter Seitter

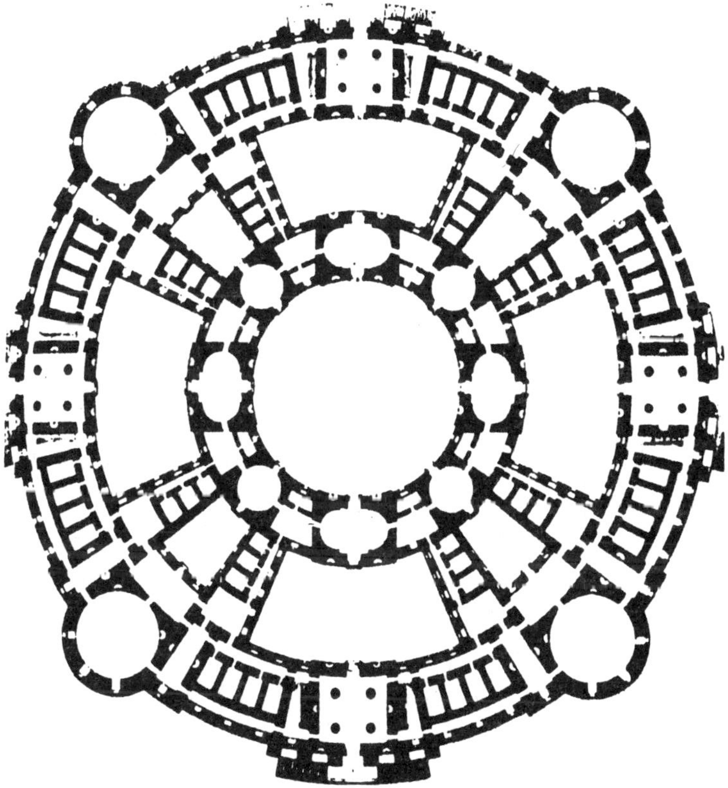

J.F. Neufforge, Entwurf eines Gefängnisses, 1780

B. Poyet, Entwurf eines Hospitals, 1786

DIE GESELLSCHAFTLICHE AUSWEITUNG DER NORM

Ein Gespräch mit Pascale Werner

FRAGE: Stellt Thomas S. Szasz' "Die Fabrikation des Wahnsinns" (Freiburg/Olten 1974) die Geschichte des Wahnsinns in Frage, die Sie vor 15 Jahren geschrieben haben? Während Sie die Linie vom Aussätzigen zum Geisteskranken ziehen, verfolgt Szasz die Linie von der Hexe zum Irren. Wie vereinigen sich diese beiden Zweige in einem gemeinsamen Stamm?

M. FOUCAULT: Tatsächlich habe ich in "Wahnsinn und Gesellschaft" überhaupt nicht vom Problem des Hexenwesens gesprochen. Ich mißtraute einem Thema, das man regelmässig bei den oberflächlichen Historikern findet: nämlich der Idee, daß man die Irren seinerzeit für Hexer hielt, weil man unfähig war, sie als Kranke zu erkennen, bis dann die Ärzte mit ihrer Gewissenhaftigkeit und Wissenschaftlichkeit die Hexerei als verkannte Geisteskrankheit aufdeckten, um die Hexen fürderhin nicht mehr zu verbrennen, sondern zu behandeln. Ich wollte nach meinem ersten Buch zunächst diesen Mythos zerstören, dann...

Das Interessante an Szasz' Buch liegt nicht darin, daß er sagt: der Irre war früher der Hexer, oder der einstige Hexer ist der heutige Irre. Er sagt etwas historisch und politisch viel Wichtigeres: die Praxis, mit der man bestimmte Leute ausfindig machte, mit der man sie verdächtigte, isolierte, verhörte, mit der man sie als Hexer diagnostizierte - diese Machttechnik, die in der Inquisition zur Anwendung kam, findet man transformiert in der psychiatrischen Praxis wieder. Der Irre ist nicht der Sohn der Hexe, sondern der Psychiater ist der Nachfahre des Inquisitors. Szasz schreibt seine Geschichte auf dem Niveau der Machttechniken, nicht auf der Ebene der phathologischen Identität. Es ist nicht der Kranke, der nachträglich die Wahrheit des Hexers enthüllt; es ist die Hexenverfolgung, die auf die Wahrheit der Psychiatrie vorausweist. Szasz interessiert sich für die Erkennungs- und Vernehmungstechniken. Ich habe mich für die sozio-polizeilichen Isolierungstechniken interessiert. Die beiden Geschichten sind nicht unvereinbar, im Gegenteil.

F.: Zumal Sie ja beide der Medizin einen zentralen Platz in den Mechanismen der gesellschaftlichen Unterdrückung zuweisen. Was bedeutet das für die Strategie der Macht?
M. F.: Wir sind in einen Gesellschaftstyp eingetreten, in dem die Macht des Gesetzes dabei ist, zwar nicht zurückzugehen, aber sich in eine viel allgemeinere Macht zu integrieren, nämlich in die der Norm. Schauen Sie, wie schwer er heute der Strafjustiz fällt, den Akt zu vollziehen, für den sie eigentlich geschaffen ist, nämlich ein Urteil zu fällen. Anscheinend weil die Bestrafung eines Verbrechens keinen Sinn mehr hat, setzt man den Verbrecher immer mehr mit einem Kranken gleich, und die Verurteilung möchte als eine therapeutische Vorschrift gelten. Das ist charakteristisch für eine Gesellschaft, die sich von einer wesentlich am Gesetz orientierten Rechtsgesellschaft zu einer wesentlich an der Norm ausgerichteten Gesellschaft entwickelt.
Das setzt ein ganz anderes Überwachungs- und Kontrollsystem voraus: eine unaufhörliche Sichtbarkeit und permanente Klassifizierung, Hierarchisierung und Qualifizierung der Individuen anhand von diagnostischen Grenzwerten. Die Norm wird zum Kriterium, nach dem die Individuen sortiert werden. Sobald sich nun eine Normgesellschaft entwickelt, wird die Medizin, die ja die Wissenschaft vom Normalen und Pathologischen ist, zur Königin der Wissenschaften. Szasz sagt darum, daß die Medizin die Religion des modernen Zeitalters ist. Ich möchte die Aussage etwas modifizieren: mir scheint, daß die Macht der Religion mit ihren Geboten, Gerichten und Bußen vom Mittelalter bis zum klassischen Zeitalter am Recht ausgerichtet war. Anstatt von einer Entwicklung Religion - Medizin spreche ich lieber von einer Entwicklung Recht - Norm.

F.: Inwiefern berührt die Kritik der Psychiatrie als Form der gesellschaftlichen Kontrolle die Medizin selber?
M. F.: Die Psychiatrie war eine der ersten Formen der Sozialmedizin im 19. Jahrhundert. Szasz' Geschichte der Psychiatrie deckt die gesellschaftliche Funktion der Medizin in einer Normalisierungsgesellschaft auf. Die Macht der Medizin steht nämlich im Zentrum einer derartigen Gesellschaft. Ihre Auswirkungen sind allgegenwärtig: in der Familie, in der Schule, in der Fabrik, in den Gerichten, ob

es sich um die Sexualität, die Erziehung, die Arbeit, das Verbrechen handelt. Die Medizin ist zu einer allgemeinen gesellschaftlichen Funktion geworden, die das Recht durchdringt und in Gang hält. Es konstituiert sich so etwas wie ein juristisch-medizinischer Komplex, der gegenwärtig die wesentliche Form der Macht ist. Aber was der Medizin - im Gegensatz zur Religion - zu einer solchen Durchschlagkraft verhilft, ist ihre Zugehörigkeit zur Institution der Wissenschaft. Man darf sich nicht damit begnügen, die Disziplinarwirkungen der Medizin aufzuzeigen. Wenn die Medizin als Mechanismus der sozialen Kontrolle funktioniert, so weist sie doch auch andere Funktionsweisen auf, nämlich technische und wissenschaftliche. Darum geht es nicht an, von der Medizin und der Psychiatrie in einem Atemzug zu sprechen, da diese mit dem wissenschaftlichen Wissen höchstens ein imaginäres Verhältnis hat. Die Kritik kann nicht auf ein und derselben Ebene liegen.

F.: Wie weit führt eine historische Analyse des Wahnsinns? Szasz analysiert die gesellschaftlichen Produktionsmechanismen der Geisteskrankheit. Er stellt nicht die Frage nach dem Wahnsinn.
M. F.: Wenn der Wahnsinn nicht die in einem nosologischen Tableau klassifizierte Geisteskrankheit ist, sondern eine eigene Wirklichkeit hat, die nicht zu pathologisieren oder medizinisieren ist, so stellt sich die Frage: was ist der Wahnsinn? Die Antipsychiatrie hat sich gerade mit dem zu konfrontieren, was nicht in den Begriffen der Geisteskrankheit oder der gesellschaftlichen Normativität zu fassen ist, was aber gleichwohl ein Problem darstellt. Die Antipsychiatrie stellt innerhalb des ärztlichen Apparates und Bewußtseins die Verarztung des Wahnsinns in Frage. Gerade deswegen tritt die Frage des Wahnsinns nach seiner langen Kolonisierung durch Medizin und Psychiatrie wieder an uns heran. Wie sollen wir uns dazu stellen?
Die überstürzt gauchistischen Diskurse sind ebenso wie die lyrisch antipsychiatrischen und die sorgfältig historischen Diskurse allesamt nur unvollkommene Haltungen gegenüber diesem glühenden Brandherd - gerade wenn sie von der Illusion getragen sind, daß von da aus die "Wahrheit", unsere armselige Wahrheiten in einer verzehrenden Flamme aufleuchten könnten. Es ist eine Illusion zu glauben, daß der

Wahnsinn - oder die Delinquenz oder das Verbrechen - von einem absoluten Außen her zu uns spricht. Nichts ist unserer Gesellschaft und ihren Machtwirkungen innerlicher als das Unglück eines Irren oder die Gewalttätigkeit eines Kriminellen. Man ist eben schon darinnen, und das Draussen ist ein Mythos. Das von draußen kommende Wort ist ein Traum, an dem man hartnäckig festhält. Man weist den "Wahnsinnigen" die Außenseiterrollen des Künstlers oder des Monsters zu. Dennoch sind sie in einem Netz gefangen, werden und wirken sie innerhalb der Systeme und Strategien der Macht.

F.: Ist unter diesem Gesichtspunkt die historische Analyse nicht eine Rückzugsposition? Und ist nicht diese Rückzugsposition für die blinden Flecken in der Praxis und Theorie von Szasz - etwa hinsichtlich der Psychoanalyse - verantwortlich?

M. F.: Zunächst ist daran zu erinnern, daß ohne die Psychoanalyse keine Kritik der Psychiatrie, nicht einmal die historische, möglich gewesen wäre. Dann aber muß gesagt werden, daß die Psychoanalyse nicht nur in den Vereinigten Staaten in massiver Form als medizinische Praxis wirkt. Auch wenn sie nicht immer von Ärzten praktiziert wird, so funktioniert sie doch als Therapie, als medizinischer Eingriff. Und insofern ist sie ein Stück des medizinischen Kontrollnetzes, das sich überall etabliert. Gewiß hat die Psychoanalyse auf einem anderen Niveau eine kritische Rolle gespielt - ebenso unzweifelhaft ist, daß sie im Gleichschritt mit der Psychiatrie funktioniert. Dazu muß man unbedingt Robert Castels "Psychoanalyse und gesellschaftliche Macht"(Kronberg 1976) lesen, wo das psychiatrisch-psychoanalytische Netz so gut angeknüpft wird. Die Psychoanalyse muß kein blinder Fleck sein, vielmehr ist sie ebenso wie die Psychiatrie einer spezifischen historischen Destruktion zu unterwerfen.

Die andere Frage: besteht nicht in einer Periode, in der sich die Kämpfe beruhigt haben, die Versuchung zum Rückzug auf die historische Spekulation? Dazu meine ich, daß sich die historische Analyse nicht auf einer Rückzugsposition befindet, sobald und solange sie auf einem politischen Feld eine instrumentelle Rolle spielt. Die historische Analyse ist ein Mittel, gegen die theoretische Sakralisierung, die wissenschaftliche Tabuisierung anzukämpfen. Man muß sie gegen die alte wie die neue Epistemologie ausspielen, in der es um die Frage ging, was in einer Wissenschaft der harte Kern der Wissenschaftlichkeit sei. Sie hat die Nichtwissenschaftlichkeit der Wissenschaft beim Namen zu nennen oder vielmehr - da das Problem Nichtwissenschaftlichkeit/ Wissenschaftlichkeit nicht das wesentliche ist - nach der Gewalt einer Wissenschaft zu fragen, danach, wie in unserer Gesellschaft die Wahrheitswirkungen einer Wissenschaft gleichzeitig Machtwirkungen sind.

F.: Was bedeutet für Sie der Widerspruch zwischen den theoretischen und den praktisch-politischen Positionen von Thomas S. Szasz?
M. F.: Es gab einmal eine Periode der "ideologischen" Kritik, in der man aufgrund eines mehr oder weniger versteckten Übels denunzierte, diagnostizierte, disqualifizierte. Wenn jemand sprach, wurde in seinem Vokabular, in dem, was er sagte, oder noch besser in dem, was er nicht sagte (im Ungesagten seines Diskurses), etwas ausfindig gemacht, womit man ihn dingfest machen und zum Schweigen bringen konnte. Die Kritik lebte vom Nachweis einer theoretischen Syphilis. Wenn sich dann jemand auf Nietzsche berufen wollte, fühlte er sich zur Erklärung verpflichtet, Nietzsche sei kein Antisemit gewesen.
Ich hingegen ziehe die Technik des geistigen Diebstahls vor. Die Gedanken und Diskurse organisieren sich zwar in Systemen, die allerdings als innere Machtwirkungen zu betrachten sind. Die Wahrheit eines Diskurses liegt nicht in seiner Systematizität, sondern in der Möglichkeit seiner Zersetzung, Umfunktionierung, Umpflanzung. Die historischen Analysen von Szasz können in eine antipsychiatrische Praxis eingehen. Szasz hat die tiefe Übereinstimmung zwischen den Kontrollfunktionen der Medizin und Psychiatrie auf der einen Seite und den seit dem 19. Jahrhundert installierten staatlichen Kontrollstrukturen auf der andern Seite genau wahrgenommen. Er scheint sich aber der Illusion hinzugeben, daß die liberale Medizin damit nichts zu tun hat, wo sie doch die Verlängerung dieser staatlichen Strukturen ist, ihr Stützpunkt und ihre Antenne.

F.: Mißfallen Ihnen nicht Szasz' Positionen über das "Potential der privaten Psychiatrie"?

M.F.: Das Problem des privaten Sprechzimmers bei Szasz ist ganz einfach: für ihn besteht die Irreführung der Psychiatrie darin, daß sie den Wahnsinn, das Leiden des Irren für eine Krankheit erklärt. Und daß sie damit dem Irren einredet, er brauche einen Arzt. Er will also sagen: "Wenn ich nicht als Arzt eingreifen will, wenn ich ein freies Gespräch mit einem freiwilligen Klienten nicht für eine ärztliche Handlung ausgebe, beteilige ich mich nicht an jenem Übergriff. Ich höre den Klienten an, ich befreie ihn vom pathologischen Schema; ich empfange ihn nicht als Kranken und ich präsentiere mich nicht als Arzt; ich verkaufe ihm nur meine Zeit, und er bezahlt mich aufgrund einer freien Vereinbarung."
Man könnte viel sagen gegen diesen Gedankengang und die von ihm legitimierten Gewinnmöglichkeiten. Es handelt sich um ein ausschließlich von Zweien gebildetes und strikt über Geld vermitteltes Zusammensein. Während die Psychiater ihren Klienten-Kunden die Rollen von Kranken teuer verkauften, verkauft Szasz Leuten, die sich für Kranke halten, die Nicht-Krankheit. Das Problem ist, ob Wertvolles immer verkauft werden muß.

Aus dem Französischen von Walter Seitter

HEXEREI UND WAHNSINN
Ein Gespräch mit Roland Jaccard

FRAGE: Seit etwa 20 Jahren entfaltet Thomas S. Szasz das Thema der grundlegenden Analogien zwischen der Verfolgung der Härctiker und der Hexen einstmals und der Verfolgung der Irren und Geisteskranken heute. Das ist auch das Hauptthema des Buches "Die Fabrikation des Wahnsinns", das den Übergang vom t h e o l o g i s c h e n S t a a t zum t h e r a p e u t i s c h e n S t a a t aufzeigt. Die Psychiater und überhaupt die für geistige Gesundheit Zuständigen haben es demnach fertiggebracht, die Inquisition wieder zum Leben zu erwecken und als neues wissenschaftliches Allheilmittel zu verkaufen. Scheint Ihnen die Parallele zwischen der Inquisition und der Psychiatrie historisch haltbar?
M. FOUCAULT: Die Hexen als verkannte Irre, die dem Scheiterhaufen überantwortet wurden, weil es unglücklicherweise noch keine Psychiater gab - wer wird uns von diesem Gemeinplatz befreien, der noch immer in so vielen Büchern herumspukt?
Szasz hat nun mit Recht darauf hingewiesen, daß die historische Kontinuität nicht von der Hexe zur Kranken, sondern von der Institution der Hexerei zur Institution der Psychiatrie geht. Es ist nicht so, daß die Hexe mit ihren armseligen Hirngespinsten und dunklen Kräften endlich durch eine späte aber wohltätige Wissenschaft als Geisteskranke erkannt worden ist. Szasz zeigt, daß sich in den Überwachungen, Vernehmungen und Verfügungen der Inquisition ein bestimmter Machttyp durchsetzte, der auch heute nach einigen Transformationen uns verhört, unsere Wünsche und Träume befragt, um unsere Nächte besorgt ist, Geheimnissen nachjagt und Grenzlinien zieht, die Anomalen kennzeichnet, Reinigungen vornimmt und Ordnungsfunktionen wahrnimmt.
Hoffentlich hat Szasz für immer das Problem von der Frage, ob die Hexen Wahnsinnige waren, auf die Frage verschoben, inwiefern die Machtwirkungen der Schnüffelarbeit, die die Inquisitoren (mit langen Schnauzen und spitzen Zähnen) verrichteten, noch im psychiatrischen Apparat zu erkennen sind. "Die Fabrikation des Wahnsinns" scheint mir ein wichtiges Buch für die Geschichte der komplexen Wis-

sens- und Machttechniken.

F.: In "Die Fabrikation des Wahnsinns" beschreibt Thomas S. Szasz die unersättliche Neugier der Inquisitoren hinsichtlich der sexuellen Träume und Handlungen der Opfer, der Hexen, und vergleicht sie mit derjenigen der Psychiater. Scheint Ihnen dieser Vergleich gerechtfertigt?

M.F.: Man wird sich wohl der "Marcusereien" und "Reichianismen" entledigen müssen, da die uns einreden, daß die Sexualität von allen Dingen der Welt dasjenige sei, das von unserer "bürgerlichen", "kapitalistischen", "heuchlerischen", "viktorianischen" Gesellschaft am hartnäckigsten "unterdrückt" wird. Seit dem Mittelalter gibt es nichts, was mehr studiert, erfragt, zum Geständnis gezwungen, ans Tageslicht und in den Diskurs gezogen und in Lobpreisungen besungen wird. Keine Zivilisation hat eine gesprächigere Sexualität gehabt als die unsere. Und dennoch glauben viele noch immer, subversiv zu sein, wenn sie dem Geständniszwang gehorchen, der uns Menschen des Abendlandes seit Jahrhunderten unterwirft, indem er uns nötigt, alles über unser Begehren zu sagen. In Inquisition, Beichte, Gewissensforschung, Seelenführung, Erziehung, Medizin, Psychoanalyse und Psychiatrie - immer stand die Sexualität unter dem Verdacht, eine entscheidende und tiefe Wahrheit über uns zu bergen. Sag uns, was deine Lust ist, und verbirg uns nichts von dem, was sich zwischen deinem Herzen und deinem Geschlecht abspielt: dann werden wir wissen, was du bist, und dir sagen, was du wert bist.

Ich glaube, daß Szasz richtig gesehen hat, wie die hochnotpeinliche Vernehmung der Sexualität nicht einfach ein krankhaftes Interesse der von ihren eigenen Wünschen geplagten Inquisitoren war, sondern wie sich darin ein moderner Typ der Macht und Kontrolle über die Individuen abzeichnet. Szasz ist kein Historiker, und man kann natürlich einige seiner Behauptungen bestreiten. Aber in einem Augenblick, in dem der Diskurs über die Sexualität so viele Historiker fasziniert, war es gut, daß ein Psychoanalytiker das Verhör über die Sexualität historisch nachzeichnet. Und viele Intuitionen von Szasz treffen sich mit Le Roy Laduries bemerkenswertem "Montaillou, village occitan".

F.: Glauben Sie wie Szasz, daß man, um die institutionelle Psychiatrie - und alle anderen Veranstaltungen zur Förderung der geistigen Gesundheit - zu verstehen, die Psychiater studieren muß und nicht die angeblichen Kranken?

M. F.: Wenn es sich um das Studium der institutionellen Psychiatrie handelt, ist das selbstverständlich. Aber ich meine, daß Szasz weiter geht. Es ist heute Mode, eine Geschichte der Wahnsinnigen schreiben zu wollen, auf die andere Seite zu wechseln und den großen Fluchtbewegungen oder den subtilen Rückzugsbewegungen des Wahnsinns nachzugehen. Wenn man aber behauptet, ganz Ohr zu sein und die Wahnsinnigen selber sprechen zu lassen, akzeptiert man bereits die bestehende Grenzziehung. Besser stellt man sich an den Punkt, an dem die Maschine funktioniert, die Qualifikationen und Disqualifikationen verteilend die Wahnsinnigen und die Nichtwahnsinnigen voneinander absetzt. Der Wahnsinn ist nicht weniger ein Machteffekt als der Nichtwahnsinn; er streift nicht durch die Welt wie ein flüchtiges Tier, dessen Lauf erst in den Käfigen des Asyls zum Stillstand kommt. Wie in einer unendlichen Spirale ist er eine taktische Antwort auf die ihn umzingelnde Taktik. In einem andern Buch von Szasz, "Geisteskrankheit - ein moderner Mythos" (Freiburg/Olten 1972) gibt es ein Kapitel, das mir exemplarisch scheint: danach ist die Hysterie ein Produkt der psychiatrischen Macht und gleichzeitig eine Erwiderung auf sie und ihre Falle.

F.: Wenn der therapeutische Staat den theologischen Staat abgelöst hat und wenn die Medizin und die Psychiatrie heute die zwingendsten und hinterhältigsten Formen der sozialen Kontrolle geworden sind, wäre es dann in einer individualistischen und freiheitlichen Perspektive wie der von Szasz nicht notwendig, für eine Trennung von Staat und Medizin zu kämpfen?

M. F.: Da gibt es für mich eine Schwierigkeit. Ich frage mich, ob Szasz nicht die Macht zu eng mit dem Staat identifiziert.

Vielleicht erklärt sich diese Identifizierung aus zwei Erfahrungen von Szasz: einer europäischen Erfahrung im totalitären Ungarn, wo alle Machtformen und -mechanismen eifersüchtig vom Staat kontrolliert wurden, und jener amerikanischen Überzeugung, daß die Freiheit dort beginnt, wo die zentralisierte Intervention des Staates aufhört.

Ich glaube tatsächlich nicht, daß die Macht nur der Staat

ist oder daß der Nicht-Staat schon die Freiheit ist. Szasz hat recht, wenn er sagt, daß die Schaltkreise der Psychiatrisierung und Psychologisierung, auch wenn sie über die Eltern oder die unmittelbare Umwelt laufen, schließlich in den großen Komplex aus ärztlichen und staatlichen Institutionen münden. Aber der "freie" Arzt der "liberalen" Medizin, der Psychiater oder Psychologe in ihrem Sprechzimmer bilden keine Alternative zur institutionellen Medizin. Sie gehören demselben Netz an, auch wenn sie von der Institution weit entfernt sind. Zwischen dem "therapeutischen Staat" und der "Medizin in Freiheit" gibt es eine Reihe von Verbindungen und Verweisungen.

Das stille Zuhören des Analytikers im Fauteuil ist dem zwingenden Fragebogen und der sorgfältigen Überwachung des Asyls nicht ganz fremd. Ich glaube nicht, daß man das Attribut "libertär" - ich weiß nicht, ob Szasz es verwendet - einer Medizin zusprechen kann, die nur "liberal" ist, d.h. an einen individuellen Profit gebunden, den der Staat umso lieber stützt, als er selber davon profitiert. Szasz zitiert viele gegen den Staat gerichtete Aktionen dieser liberalen Medizin, die erfreulich waren. Aber mir scheint, daß es sich da um einen kampflustigen Gebrauch - oder großzügigen Mißbrauch - einer Medizin handelt, die vielmehr dazu bestimmt ist, in Anlehnung an den Staat, den ruhigen Gang einer Normalisierungsgesellschaft zu gewährleisten. Noch mehr als den therapeutischen Staat gilt es die Normalisierungsgesellschaft mit ihren institutionellen und privaten Räderwerken zu studieren und zu kritisieren. Robert Castels "Psychoanalyse und gesellschaftliche Macht" scheint mir ein sehr erhellendes Licht auf jenes lückenlose Netz geworfen zu haben, das vom tristen Schlafsaal bis zum gewinnträchtigen Diwan reicht.

Aus dem Französischen von Walter Seitter

MEDIZIN UND KLASSENKAMPF*

Was ist die G.I.S.?

Die G.I.S. ist eine Gruppe von Leuten, deren hauptsächliche Bindungen sich folgendermaßen zusammenfassen lassen:

- Es sind Leute, die sich durch die Beziehung zum Klassenkampf situieren, ohne deshalb notwendig in der Fabrik oder in der Werkstatt zu arbeiten. Die G.I.S. umfaßt im Augenblick in der Mehrzahl Mediziner, Soziologen, Philosophen, usw., aber wir wünschen uns eine immer breitere Öffnung dieser Gruppe, nicht bloß, damit sie sich "entmedizinisiert", sondern damit sie auch Männer und Frauen aller Klassen aufnimmt. Sofern wir Mediziner sind, wissen wir, daß wir immer schon in einem Machtverhältnis situiert sind, und wir machen keinen Hehl daraus, daß wir unabhängig von unseren Ideologien faktisch auf der Seite der "Herrschenden", der "Versorgten" stehen. Diese Gegebenheit, was die Mediziner der G.I.S. anbetrifft, trennt uns im Augenblick von anderen Kollegen, die diese gesellschaftliche Realität verleugnen.
- Wir berücksichtigen auf der anderen Seite die Ausbeutung des Menschen über die ökonomische Ausbeutung hinaus, und wir fassen diese Termini in ihrem weitesten Sinne auf. Wir berücksichtigen zum Beispiel, daß viele Männer oder Frauen, die einen freien Beruf haben, ebenfalls "ausgebeutet" werden, sicher in anderer Weise, weniger offensichtlich, viel verstohlener; das läßt ein Bewußtsein dessen weniger leicht zustande kommen, denn die diffuse Betäubung, die durch die Gesamtheit des ökonomischen Systems gefiltert wird, ist dabei um so mächtiger.
- Viele dieser Gruppen schließlich, die sich "Informations-

---

* Gemeinsam mit den Mitgliedern der G.I.S. (Gruppe "Gesundheits-Information") geschrieben.

Auf Vorschlag von M. Foucault hat zunächst eine Diskussion zwischen ihm, 6 Mitgliedern der G.I.S. und einem Vertreter der Zeitschrift "La Nef" stattgefunden, die in einer Nummer über Anti-Medizin abgedruckt werden sollte. Aus der Transskription der Tonbandaufzeichnung dieser Diskussion ist dann dieser Artikel, den die Verfasser ein "Manifest" nennen, synthetisiert worden. (A.d.R.)

gruppen für..." nennen, zeigen, daß eines ihrer Ziele darin besteht, das Geheimnis zu brechen, jenes Berufsgeheimnis, das viele der Offensichtlichkeiten verhüllte und verbarg; und eben dadurch stellen wir uns der Macht entgegen, von der gewisse Strukturen eben durch das "Geheimnis" zementiert werden.

Die Ziele der G.I.S.

Unsere Ziele bestehen nicht darin, eine interdisziplinäre Gruppe zu bilden, die es erlaubte, sich mit anderen Ausübenden der verschiedenen Wissenschaften zu vereinigen, sondern darin, den Bruch zwischen wissenschaftlichem Wissen und Alltagspraxis, zwischen Handarbeit und Kopfarbeit zurückzuweisen. Wir lehnen die Abschottung ab, die uns von anderen Berufen isoliert hat, insbesondere von den Handarbeitern, um all das zu verstehen und zu erforschen, was in die Beziehung zwischen gesunden und kranken Menschen, in die Beziehung Arzt-Patient eingeht. Nichts scheint uns nebensächlich, um diesen Typ von Beziehungen die Stirn zu bieten, so zahlreich, komplex und reich hier die Variablen auch sind, und so sehr wir auch feststellen, wie tiefgehend unsere Tendenz ist, den Anderen zu "versachlichen". Der wesentliche Konflikt des Menschen ist immer noch sein Konflikt mit der Natur, der Konflikt der menschlichen Macht mit der Macht der Natur. Die menschlichen Beziehungen sind immer noch durchtränkt, polarisiert von diesem konfliktuösen Zustand. So behandeln sich die Menschen untereinander als "Sachen". Diese Haltung ist in gewissen Berufen besonders deutlich.
Ebenso meinen die Mediziner der G.I.S., daß sie schon zu sehr konditioniert sind, um noch ein ausreichendes Vermögen an Einbildungskraft zu besitzen, derart daß ihre Projekte in Sachen Gesundheit wirkliche Innovationen wären und nicht einfach reformistische Einrichtungen. Historisch gesehen, haben wir uns seit Jahrhunderten isoliert. Das Wissen ist ein Wall gewesen, der uns von jeder gesellschaftlichen Realität ferngehalten hat. Der Inhalt der medizinischen Studien ist für Mediziner von Medizinern gemacht. Alles geschieht so, als ob der Kranke, der als Objekt behandelt wird, endgültig von jeder sozio-affektiven, sozio-ökonomischen Unterstützung ausgeschlossen wäre, abgeschnitten

von dem Zusammenhang, in den wir selbst uns eingeschlossen haben.
Deshalb denken wir daran, eine neue Annäherung an die Gesundheit zu versuchen, und zwar nicht über einen neuen Ausweg zusammengewürfelter Erkenntnisse, die zu den "exakten" (Biologie, Physik, Chemie, Mathematik, Statistik, Informatik usw) und zu den "Humanwissenschaften" gehören, sondern über einen Ausweg, von dem aus die "Beobachtung" uns ursprünglich zu sein scheint, und ausgestattet mit einer sehr viel umfassenderen Wahrheit, der Wahrheit des gesellschaftlichen Kampfes.
Der Platz, an den wir uns stellen, ist nicht derjenige, den man gewöhnlich als "Beobachtungswarte" versteht; wir schließen uns nicht aus dem szenischen Raum aus, zum Beispiel als Untersuchende, sondern sind in ihm einbegriffen. Wir wollen die Distanz "Untersuchender-Untersuchter" überwinden, die als solche im Herzen selbst der überkommenen Beziehung Arzt-Kranker existiert. Im übrigen wissen wir, daß, wissenschaftlich gesprochen, das Resultat einer Beobachtung Funktion des Ortes ist, an dem der Beobachter sich befindet, sowie der Geschwindigkeit seiner Ortsveränderung hinsichtlich des beobachteten Objekts. Man kann erwägen, daß auch in den Humanwissenschaften diese Feststellung nicht ohne Einfluß auf unsere Resultate ist, selbst wenn es sich hier um nichts anderes als eine Hypothese handelt. Wir erforschen eine vieldimensionale Ordnung, das stimmt; wobei aber die politische Praxis zeigt, wie stark die Zwänge sind, und wie vorsichtig wir angesichts der Häufigkeit der Mißerfolge der meisten Versuche in Sachen Gesundheit sein müssen.

Das Erlebnis der Kämpfe der Proletarier

Wenn es unter den Gründern dieser Gruppierung Leute gegeben hat, die am Volkstribunal von Lens teilgenommen haben, Arbeitsmediziner außerhalb der Trusts, die jedoch in die Streiks von Pennaroya verwickelt waren, usw. dann ist das nicht Ergebnis bloßen Zufalls. Durch die Vermittlung der Kämpfe des Proletariats nämlich haben wir ein gewisses, bis dahin abgedichtetes und keimfrei gemachtes Erlebnis realisiert. Es gibt viele Niveaus der Annäherung, von denen jedes der Aufhebung einer Informationsblockierung

korrespondiert. Alles hatte uns von dieser gesellschaftlichen Realität ferngehalten: sowohl unsere Studien im eigentlichen Sinne, wie auch die hierarchisierten Strukturen des Krankenhauses, oder die Ausübung der gewöhnlichen freien Medizin.
Unsere Kritik ist nicht einfach eine destruktive Analyse; wir versuchen, langsam eine erlebte Wirklichkeit zu analysieren, indem wir uns von Anfang an bemühen, in flexibler Weise Schritt für Schritt die künftigen Elemente eines Rahmens zu entwerfen, der auf einer gesellschaftlichen Dynamik beruhen muß, und nicht auf einem rigiden "Gesundheitssystem", das zwar über die Staatsapparate veränderbar ist, deren Mißerfolge dabei oftmals jedoch flagrant sind. Wählen wir ein Beispiel, das uns geeignet scheint, unseren Schritt und den begrifflichen und praktischen Weg, der daraus folgte, zu erklären. Anläßlich des Streiks, der 1972 in den Fabriken des Pennaroya-Trusts stattgefunden hat, eines Streiks, dessen Hauptgrund in den unerträglichen Arbeitsbedingungen bestand, denen die Arbeiter in einigen Produktionsstätten zur Wiedergewinnung von Blei unterworfen waren (wo darüberhinaus die Bevölkerung der unmittelbaren Umgebung, zum Beispiel Lyon, gleichermaßen von dieser Umweltverschmutzung betroffen war), haben die Arbeiter "Kontakt aufgenommen mit all denjenigen, die ihnen eventuell helfen könnten". Sie sind auf diese Weise dazu gekommen, von den Ärzten Rat zu fordern, Mittel, um die Presse über die Gefahren zu informieren, denen sie ausgesetzt waren. Nachdem unsere Genossen erst einmal die Lebens- und Arbeitsbedingungen der Arbeiter kennengelernt haben, nachdem sie gelernt haben, den Arbeitern ein "bestimmtes Wissen über die an Bleivergiftung Erkrankten zu vermitteln", wurde ihnen bewußt, bis zu welchem Grad jeder medizinische Text nicht für die Arbeiter gemacht war, sondern immer von und für "distanzierte" Mediziner, "Beobachter", redigiert wurde und derart den gesellschaftlichen Kontext der Leute, die sie vor sich hatten, verleugnete.
Der Ausdruck "Beschlagnahme von Wissen" nahm daraufhin für uns einen präziseren Sinn an. Offenbar stand niemals zur Debatte, daß dieses "Wissen" in die Hände der Arbeiter gelegt werden könnte, und daß sie es gebrauchen, sich seiner bedienen könnten, um bestimmte ihrer Probleme zu lösen. Die Verdinglichung des Arbeiters ist manifest:

das "Objekt Arbeiter", das auch als solches behandelt wird. Der medizinische Text, seine Sprache, nimmt hinsichtlich des Klassenkampfes keine neutrale Position ein. Den Arbeitern von Pennaroya jenes Wissen zur Verfügung zu stellen, ist für uns keine Vulgarisierung gewesen, sondern eine politische Anfechtung seiner Abgeschlossenheit in sich selbst. Letzten Endes wußten viele Arbeiter, die sich krank fühlten, implizit Bescheid, obwohl man es ihnen bis zum Befund der halbjährlichen, gesetzlich vorgeschriebenen Blutuntersuchungen verheimlichte; denn "die kranke Sache" kann ihre Etikettierung, ihren Herstellungspreis a forteriori nur ignorieren!...Sie kannten also implizit teilweise ihre Schäden, und die Funktion des Arztes war es, die wirkliche Kausalität zu verleugnen, indem er sagte: "es liegt an diesem Organ, an jener Verletzung, hieran und daran." Man gestand den Ärzten das Recht zu, die zu reparierenden Objekte zu benennen, oder eher noch die Stellen der Dysfunktion dieser Objekte, niemals aber, die Bedingungen bekannt zu machen und zu denunzieren, unter denen man diese "Objekte" zerbrach, zerriß, fertigmachte, beschädigte. Vor allem durften sie niemals sagen: "Sie wissen genauso gut wie ich, und wahrscheinlich besser, daß es Ihre Lebens- und Arbeitsbedingungen sind, die Sie allmählich umbringen". Anhand dieses Beispiels kann man, dank des Ereignisses "Streik", feststellen, daß die Information auf zwei Niveaus von ihrer Blockierung befreit worden ist. Man könnte das erste Niveau beschreiben als die Verbreitung der Information über die Arbeitssituation durch die Mediziner, der Information, die durch die Arbeiter selbst von denjenigen Medizinern verlangt wurde, die das "Geheimnis" brechen.
Das zweite Niveau hat zum Ort den medizinischen Korpus selbst. Tatsächlich haben die Mediziner durch diesen Typ von Untersuchung den geschlossenen Charakter ihres Wissens realisiert, den Kerker, in dem das, was man "Wissenschaft" nennt, sie eingeschlossen hat. Sie entdeckten die sozio-politische Situation als fundamentales, ökologisches Element, in dessen Mitte sie situiert sind, sie und ihre Patienten.

Die Konditionierung der Kranken und der Ärzte

Es ist festzuhalten, daß im Laufe anderer Erfahrungen, wie zum Beispiel derjenigen anläßlich des Volkstribunals von Lens, diese Manifestationen sich in einer Weise entwickelt haben, die uns bedeutsam erscheint. Die Forderung der Bergleute war zunächst diejenige einer Lösung von individuellen Problemen. Sie wollten "bessere Ärzte" haben, die ihre Krankheit mit der größten Genauigkeit einschätzten, und die am meisten ihrem wirklichen Handikap entsprechenden Rentensätze beantragten. Der Arzt ist dabei versucht, Techniker zu sein, der auf ein spezifisches Bedürfnis antwortet.
In der Tat war es notwendig, daß viele unter den Bergleuten es selbst übernahmen, ihr Bedürfnis qualitativ zu verändern, indem sie mit der impliziten gesellschaftlichen Konditionierung brachen, die ihr Bedürfnis "angepaßt" hatte gemäß seiner Beantwortung durch das System. Die Bergleute sind also dahin gelangt, die von den Ärzten beigebrachten Kenntnisse zu benutzen und sie einzubringen in ihren eigenen Kampf.
Man kann hier zwischen den Arbeitern und dem medizinischen Korpus eine Art von "gegenseitiger Verantwortlichkeit" nachweisen; beide sind in einem gesellschaftlichen Raum situiert, der sie zugleich in einer solchen Weise durchdringt, daß eine uralte Kohäsion das Gebäude festgefügt hat. Das ist gewiß nicht alles, denn in diese persönliche Beziehung Arzt-Kranker fließt eine Menge von psychoaffektiven Gegebenheiten mit ein, die diese Relation zu einer derart besonderen macht.
Man kann hinsichtlich dessen, was den Einfluß des Milieus auf die ärztliche Welt angeht, die mächtigen, vom kapitalistischen System ausgeübten Zwänge hinzufügen. Die Macht der pharmazeutischen Trusts, der elektrische, elektronische Anlagen usw. produzierenden Industrien, wirkt sich leicht auf Menschen aus, die, versehen mit einem zerbrechlichen Wissen, überfordert von einem immer größeren Bedürfnis, nicht ausgebildet oder schlecht ausgebildet sind, um die Aufgaben zu erledigen, die sie zu erfüllen haben, nicht vorbereitet sind auf die vielfältigen psycho-affektiven Agressionen, denen der Arzt begegnet, auf den Tod, dem er Trotz bieten soll, auf diese Menschen, die also Opfer

sind, nur dazu erwählt, die, sehr oft unbewußten, Verteiler der gewaltigen ökonomischen Maschinerie zu sein - wobei man entdecken kann, daß die Hand eines solchen pharmazeutischen Trusts zum Körper eines Unternehmens gehört, das die Produktion solchen Materials zentralisiert, das mit seinen Abfällen unter anderem eine ungeheure Umweltverschmutzung hinterläßt. Der gigantische Profitapparat, das transparente Monster, die unsichtbare "Metropolis", läuft ganz und gar in einer aufs Höchste verblendeten Welt!

Die Gesundheit und das Geld

Aufgrund dessen sind wir uns einer extrem schweren, auf dem Wege der Reform nicht zu bewältigenden Krise im Gesundheitssektor bewußt. Die Leute, die an der Macht sind, sind sich dessen ebenso bewußt, aber sie versuchen, zu "arrangieren", es "einzurichten"... Man führt in den Krankenhäusern Hostessen, Psychologen, Elektronenrechner usw. ein. Dabei handelt es sich lediglich um Pflaster auf einem Apparat, der an allen Ecken und Enden nicht mehr funktioniert.

Selbst wenn dank der Psychosomatik, dem Fortschritt der Psychiatrie, der Psychoanalyse usw. die relationalen Probleme wirklich vorangekommen sind, prallen sie doch auf den sozio-ökonomischen und politischen Eckpfeiler, der sie daran hindert, jenseits einer bestimmten Grenze vorzustossen.

Schließlich die unglaubliche Verwaltung der "Öffentlichen Fürsorge" (A.P.), ein wahrhaftes Werkzeug, geschmiedet, um heute die kapitalistische Maschinerie zu ernähren. Denn wer stattet die A.P. aus? Wer liefert der A.P. die Medikamente? Wer profitiert auf diese Weise indirekt vom Tagessatz, der zwischen 150 und 500 Francs und mehr liegt? Warum warten die Kranken manchmal tagelang auf eine ergänzende radiologische oder andere Untersuchung, während jeder Tag des "Wartens", über dem Umweg der Sozialversicherung, von der Gesamtheit der Bevölkerung zurückerstattet wird?...

Neben vielfältigen Motiven ist festzuhalten, daß der mittlere Tagessatz in einem Krankenhaus sinkt, wenn es Tage ohne zusätzliche kostspielige Untersuchungen gibt, und daß, je mehr der Tagessatz sinkt, man umso mehr die "Verwal-

tung" des Direktors schätzt, dessen administrative Beurteilung, ja dessen Gehalt eine Veränderung erfahren kann. Anders gesagt: indem man die Kranken warten läßt, füllt man die Betten, senkt den mittleren Tagessatz und vermittelt die Illusion einer guten Verwaltung!...
Das ist also die A.P. Wer kümmert sich um die Angst derjenigen, die die Resultate jener magischen Untersuchungen erwarten, die manchmal das Versprechen ihres Lebens oder ihres Todes beinhalten?...Was die Privatkliniken angeht, auch sie setzen auf die Beständigkeit der anonymen Rückerstattung durch die Sozialversicherung. Ihr Verwaltungssystem ist ein anderes: sie übernehmen das, was am wenigsten kostet, während alle Forschung oder technische Akrobatik im Krankenhaus stattfindet, und sie können nach Belieben die Untersuchungen oder Eingriffe zusammenfassen, die am schnellsten ihre Anlagen amortisieren, und dabei noch ihren Patienten die Illusion der Besserung bieten. Sie offerieren die falsche Sicherheit, mit den allermodernsten Mitteln in einem eher hotelähnlichen denn krankenhausartigen Rahmen versorgt zu werden; ihre Geschäfte florieren, während sie jammern und fortwährend die Heraufsetzung ihres Tagessatzes fordern, indem sie denjenigen der Krankenhäuser vorschieben und als die armen Verwandten des reichen staatlichen Krankenhaussystems sich ausgeben!

Gegen eine Medizin des Profits

Ein letzter Satz über die sogenannte freie Medizin. Sie kann nicht realisieren, bis zu welchem Grad auch sie Gefangene des Systems der kapitalistischen Produktion ist, ist sie doch für dieses eine der klassischsten Masken.
Die Anzahl der täglich durchgeführten Visiten, die wie eine Folge von Gesten gegenüber einer Kette von Menschen während der zehn bis zwölf Stunden im Tageslauf des Arztes sich abwickeln, entzieht dem Vorbeimarsch der Wesen jedes Interesse, reduziert sie auf Objekte, die man reparieren muß, wieder auf die Füsse stellen und zurückschikken muß in die Produktion oder die Konsumtion. Die praktischen Ärzte verteilen pharmazeutische Flicken, ungezielte Geschosse, die man aus dem großen pharmakologischen, radiologischen usw. Distributor schöpft.
Die C, die B, die K (Nomenklatur der Sozialversicherungs-

tarife, die die Rückerstattung festlegt) beziehen sich und beziehen sich nicht allein auf die Ärzte. Sowie die anonyme Sozialversicherung, ein gigantischer, von dem 5o Millionen Franzosen gefütterter Apparat, in kleinen Happen denjenigen zurückerstattet, die sie füttern, funktioniert die Betäubung ganz und gar. Wer hätte voraussehen können, daß die Kämpfe des Volkes sich derart erholen würden?... Automatisierte Untersuchungen wie die Analyse des Zuckers, des Harnstoffes, des Cholesterol usw., zu dreißig bis fünfzig in der Stunde heruntergeleiert, werden weiterhin von der Sozialversicherung so zurückerstattet, als seien sie von den Laborantinnen durchgeführt worden. Die Apparate zur automatischen Analyse sind dank der französischen Sozialordnung schnell amortisiert, und die Henne mit den goldenen Eiern hört nicht auf, die gleichen zu begießen, immer die Gleichen: jene Leute, die man zumeist nicht kennt und die am meisten profitieren.
Wir wollen keine Medizin des Profits mehr; wir wollen keine Medizin mehr, die den Menschen verdinglicht; wir wollen kein Wissen mehr, das nichts anderes als eine kunstfertige Maske der Unterdrückung ist. Wir wissen, daß die Medizin, genau deshalb, weil sie ein fundamentales menschliches Gut betrifft, die Gesundheit, ein Ort des Klassenkampfes unter anderen ist.
Wir haben die Wahl getroffen, an diesem Kampf teilzunehmen.

Aus dem Französischen von Hans-Joachim Metzger

VORLADUNG IM JUSTIZPALAST*

Regelmäßig hält die G.I.S. (Gruppe "Gesundheitsinformation") ihre Versammlungen ab: über Arbeitsmedizin, Gesundheit der Einwanderer, Abtreibung, ärztliche Macht. Regelmäßig auch lungert ein Spitzel am Eingang herum, zu sehen wer kommt. Nachdem die G.I.S. Anfang dieses Jahres eine gemeinsam verfaßte Broschüre: "Ja, wir treiben ab" veröffentlicht hat, läßt jetzt der Richter Roussel drei "mutmaßliche Autoren" in den Justizpalast vorladen. "Schwerwiegendes Indiz" gegen sie, hat der Polizist gesagt: "man" hat sie gesehen bei Versammlungen der G.I.S.

Kümmern wir uns nicht um das gehässige und lächerliche Indiz. Und damit der Richter Roussel nicht mehr auf so niedere Dienste zurückgreifen muß, gestehen wir drei, Alain Landau, Jean-Yves Petit und Michel Foucault, die "mutmaßlichen", weil "gesehenen" Autoren: wir sind Mitglieder der G.I.S., wir haben jene Broschüre geschrieben und verteilt, und wir haben an der Bewegung für die Freiheit der Abtreibung teilgenommen und ihr unsere Unterstützung entgegengebracht. Klagen Sie uns an!

Aber da sind noch ein paar Fragen. Warum nach dem Prozeß der Marie-Claire in Bobigny, nach dem im Februar 1973 erschienenen Manifest der Ärzte, nach der Bewegung von Grenoble zugunsten von Dr. Annie Ferray-Martin, nach den sieben Ärzten von Saint-Etienne und ihren vierhundert Abtreibungen - warum nach alle dem diese Drohung gegen die Autoren einer Broschüre? Warum? Und warum heute?

Jahr für Jahr könnten hunderttausende von Frauen wiederholt von sich behaupten: "Ja, wir haben abgetrieben". Aber bis jetzt geschieht das - und oft unter den schlimmsten Bedingungen -, doch es kann nicht ausgesprochen werden. Die Broschüre arbeitet darauf hin, daß es ausgesprochen werden kann und daß die Frauen heraustreten aus einer schamvollen Verstohlenheit, in welcher man sie zu halten trachtete, und endlich über eine frei gewordene Information über die Abtreibung und die Empfängnisverhütung verfügen kön-

---

*Gemeinsam verfaßt mit Dr. A. Landau und J.-Y. Petit

nen. Daß sie nicht länger der Gnade gewinnsüchtiger und scheinheiliger Ärzte ausgeliefert, noch ganz sich selbst überlassen sind, gezwungen, auf Behandlungen zurückzugreifen, die ihr Leben gefährden. Es ist genau diese Information, um die die Regierung die Frauen bringen will, und das ist der Sinn der laufenden Untersuchung. Denn, wenn die Frauen erfahren würden, daß es möglich ist, in einfacher Weise und ohne Risiko abzutreiben (mit der sogenannten Absaugmethode, wenn sie unter den bestmöglichen aseptischen Bedingungen angewandt wird) - und das kostenlos; wenn sie erfahren würden, daß es nicht nötig ist, sieben Jahre zu studieren, um diese Methode anzuwenden, dann würden sie es wagen, die kommerziellen Zirkel der Abtreibung zu verlassen und das abgekartete Spiel der Ärzte, der Polizei und der Justiz zu denunzieren, die sie die Freiheit, die sie sich nehmen, indem sie eine Schwangerschaft ablehnen, in jedem Sinn des Wortes, teuer bezahlen lassen.

Man darf nicht vergessen, daß das Neuwirth-Gesetz 1967 wirksame empfängnisverhütende Methoden autorisiert hat. Aber man hat bis 1972 darauf warten müssen, daß eine Unterweisung auf diesem Gebiet an der medizinischen Fakultät eingeführt wurde. Und diese Unterweisung ist beschränkt allein auf die Gynäkologen: ein Allgemeinmediziner hört an seiner Fakultät über die Pille nichts. Unkenntnis also der Ärzte, die leicht zu Opfern und Agenten einer lügnerischen Propaganda werden. Wieviele Frauen wollen abtreiben, weil ihnen ein Arzt aus pseudowissenschaftlichen Gründen den Gebrauch der Pille untersagt hat? Sie sind es, diese unehrenhaften Propagandisten, diese von ihrem "Wissen" durchdrungenen Ärzte, die zur Abtreibung antreiben.
Ein Gesetz ist in Vorbereitung, das angeblich die Abtreibung liberalisieren soll. Es genügt, es zu untersuchen.
Wann wird man abtreiben können? In Fällen von Vergewaltigung, Inzest, gewissen Anomalien des Embryos, und wenn die Gefahr besteht, daß die Geburt bei der Mutter "psychische Störungen" hervorruft. Also in einer streng begrenzten Zahl von Fällen.
Wer wird die Entscheidung über die Abtreibung übernehmen? Zwei Ärzte. Also Verstärkung einer schon großen, zu grossen ärztlichen Macht. Die jedoch unerträglich wird, wenn sie sich verdoppelt durch eine "psychiatrische" oder "psy-

chologische" Macht, deren Unfähigkeit und Mißbräuche man schon kennt, seit sie ausgeübt wird bei Internierungen, bei gerichtsmedizinischen Expertisen, und gegenüber der "gefährdeten Jugend", gegenüber jungen "Prädelinquenten".

Wo wird man abtreiben können? In hospitaler Umgebung, das heißt in den Krankenhäusern und ohne Zweifel in den Privatkliniken. Es wird also zwei Kreise der Abtreibung geben: der eine, hospital und restriktiv, für die Armen, der andere, privat, liberal - und teuer. Auf diese Weise werden die gewohnten Profite der alten Abtreibung nicht verloren gehen.
Mit diesen drei Punkten stimmt die G.I.S. nicht überein: sie ist für das Recht auf Abtreibung; sie will nicht, daß die Ärzte als einzige darüber die Entscheidung innehaben; sie ist gegen eine Abtreibung zum doppelten Nutzen derjenigen, die die Mittel haben, davon Gebrauch zu machen, und derjenigen, die die Macht haben, daraus Profit zu schlagen.

Warum sucht man mehrere Mitglieder der G.I.S. und, in recht signifikanter Weise, einen Nicht-Mediziner unter ihnen anzuklagen? Weil man, ohne Zweifel vor der Abstimmung des Gesetzes und um sich die wohlmeinenden günstig zu stimmen, einander gegenüberstellen will: auf der einen Seite die "guten Ärzte", denen man alle Macht und jeden Vorteil geben will, und, auf der anderen Seite, diejenigen, die aus der Abtreibung, der Empfängnisverhütung, dem freien Gebrauch des eigenen Körpers Rechte machen wollen.

Aus dem Französischen von Hans-Joachim Metzger

MACHT UND KÖRPER

Ein Gespräch mit der Zeitschrift "Quel Corps?"

QUEL CORPS: In "Überwachen und Strafen" schildern Sie ein politisches System, in dem der Körper des Königs eine wesentliche Rolle spielt...

M. FOUCAULT: In einer Gesellschaft wie der des 17. Jahrhunderts war der Körper des Königs nicht bloß eine Metapher, sondern eine politische Realität: seine physische Präsenz war für das Funktionieren der Monarchie notwendig.

Q.C.: Und die "eine und unteilbare" Republik?

M.F.: Das ist eine Parole, die man gegen die Girondisten, gegen die Idee eines Föderalismus amerikanischer Art einsetzte. Aber sie funktionierte niemlas so wie der Körper des Königs in der Monarchie. Es gibt keinen Körper der Republik. Der Körper der Gesellschaft dagegen wird im Verlauf des 19. Jahrhunderts das neue Prinzip. Diesen Körper wird man auf quasi medizinische Weise schützen müssen: anstelle der Rituale, durch die man die Integrität des Körpers des Monarchen wiederherstellte, wird man Rezepte und Therapien anwenden wie Eliminierung der Kranken, Kontrolle der von ansteckenden Krankheiten Befallenen, Ausschluß der Delinquenten. Die Eliminierung durch Marter wird so durch Methoden einer Aseptik ersetzt: Kriminologie, Eugenik, Aussondern der "Entarteten"...

Q.C.: Existiert ein Körper-Phantasma auf der Ebene der verschiedenen Institutionen?

M.F.: Ich glaube, daß die Vorstellung eines Gesellschaftskörpers, der durch die Universalität der Willen konstituiert sein soll, das große Phantasma ist. Nun, es ist nicht der Konsensus, der den Gesellschaftskörper erscheinen läßt, es ist vielmehr die Materialität der Macht über den Körper der Individuen.

Q.C.: Das 18. Jahrhundert wird unter dem Blickwinkel der Befreiung gesehen. Sie legen den Akzent auf die Einführung einer "quadrillage" (Durchkämmen, Rastern). Ist das eine möglich ohne das andere?

M.F.: Wie immer bei Machtverhältnissen findet man sich

mit komplexen Phänomenen konfrontiert, die der Hegelschen Form der Dialektik nicht gehorchen. Körperbeherrschung und -bewußtsein konnten nur infolge der Besetzung des Körpers durch die Macht erworben werden: Gymnastik, militärische Übungen, Muskelentwicklung, Nacktheit, das Preisen des schönen Körpers... all dies liegt auf der Linie, die durch unablässige, hartnäckige, sorgfältige Arbeit der Macht am Körper der Kinder, der Soldaten, und am gesunden Körper zum Begehren des eigenen Körpers geführt hat. Sowie die Macht diese Wirkung produziert hat, entsteht unvermeidlich, eben auf der Linie ihrer Eroberungen, die Rückforderung des eigenen Körpers gegen die Macht, der Gesundheit gegen die Ökonomie, der Lust gegen die moralischen Normen der Sexualität, der Heirat und der Schamhaftigkeit. Und von dem Augenblick an wird dasjenige, wodurch die Macht stark war, zu dem, wodurch sie angegriffen wird...Die Macht ist in den Körper vorgedrungen, sie sieht sich im Körper selbst Angriffen ausgesetzt...Erinnern Sie sich an die Panik der Institutionen des Gesellschaftskörpers (Ärzte, Politiker) beim Gedanken an die freie Vereinigung oder die Abtreibung...In Wirklichkeit ist der Eindruck, die Macht wanke, falsch, denn sie kann einen Umschlag herbeiführen, ihren Ort wechseln, anderswo besetzen...und die Schlacht geht weiter.

Q.C.: Das wäre die Erklärung für die berühmten "Vereinnahmungen" des Körpers durch Pornographie, Werbung?
M. F.: Ich bin nicht ganz einverstanden damit, von "Vereinnahmung" zu sprechen. Das ist die normale strategische Entwicklung eines Kampfes...Nehmen wir ein bestimmtes Beispiel, das der Auto-Erotik. Die Kontrollen der Masturbation begannen in Europa kaum eher als im Lauf des 18. Jahrhunderts. Plötzlich erscheint ein Panik-Thema, eine entsetzliche Krankheit entsteht in der westlichen Welt: die Jugendlichen masturbieren.
Im Namen dieser Angst wurde - durch die Familien hindurch, aber ohne daß in ihnen der Ursprung läge - eine Kontrolle über den Körper des Kindes eingeführt, eine Überwachung der Sexualität, eine Objektivierung der Sexualität zu Lasten der Körper.
Aber indem so die Sexualität Gegenstand vordringlicher Beschäftigung und Analyse wird, zur Zielscheibe von Über-

wachung und Kontrolle, erzeugt sie gleichzeitig die Intensivierung der Wünsche eines jeden für, in und auf seinen eigenen Körper...
Der Körper ist zum Einsatz eines Kampfes zwischen den Kindern und den Eltern, dem Kind und den Kontrollinstanzen geworden. Die Revolte des sexuellen Körpers ist der Gegenangriff auf dieses Eindringen. Wie antwortet die Macht? Durch ökonomische (und vielleicht ideologische) Ausbeutung der Erotisierung, von Sonnenschutzmitteln bis hin zu Pornofilmen...Als Antwort auf die Revolte des Körpers finden Sie eine Neubesetzung, die sich nicht mehr in Form von repressiver Kontrolle, sondern als stimulierende Kontrolle präsentiert: "Entkleide dich...aber sei schlank schön, gebräunt!" Auf jede Bewegung des einen der beiden Gegner antwortet die Bewegung des anderen. Aber es gibt keine "Vereinnahmung" in dem Sinn, in dem die Gauchisten davon sprechen. Man muß begreifen, daß der Kampf nicht festgelegt ist...Das heißt nicht, daß er nicht eines Tages zu Ende geht...

Q.C.: Läuft nicht eine neue revolutionäre Strategie der Machtergreifung über eine neue Definition einer Politik des Körpers?
M. F.: Das Problem des Körpers ist im Verlauf eines politischen Prozesses - ob er revolutionär ist, weiß ich nicht - mit zunehmendem Nachdruck aufgetaucht. Man kann sagen, daß das, was seit 68 geschehen ist - und wahrscheinlich dasjenige, was 68 vorbereitet hat -, zutiefst antimarxistisch war. Wie werden die revolutionären Bewegungen Europas sich vom "Marx-Effekt" freimachen können, von den dem Marxismus des 19. und 20. Jahrhunderts eigenen Institutionen? Das war die Ausrichtung dieser Bewegung. Bei diesem Wider-in-Frage-Stellen der Identität Marxismus=revolutionärer Prozeß, eine Identität, die eine Art Dogma bildete, ist die Bedeutung des Körpers einer der wichtigen, wenn nicht wesentlichen Punkte.

Q.C.: Wie entwickelt sich das körperliche Verhältnis zwischen den Massen und dem Staatsapparat?
M. F.: Man muß sich zunächst von einer sehr verbreiteten These trennen, derzufolge in unseren bürgerlichen und kapitalistischen Gesellschaften die Macht die Realität des Kör-

pers zugunsten der Seele, des Bewußtseins, der Idealität geleugnet hätte. In Wirklichkeit ist nichts materieller, ist nichts physischer, körperlicher als die Ausübung von Macht ...Welche Art Besetzung des Körpers ist für das Funktionieren einer kapitalistischen Gesellschaft wie der unseren notwendig und hinreichend? Ich meine, daß man vom 18. bis zum Beginn des 20. Jahrhunderts geglaubt hat, die Besetzung des Körpers durch die Mächte müsse schwer, drükkend und lückenlos sein. Daher die vorzüglichen Disziplinarordnungen, wie man sie in Schulen, Krankenhäusern, Kasernen, Werkstätten, in Städten, Häusern und Familien findet...und dann, von den sechziger Jahren an, ist man sich dessen bewußt geworden, daß diese so drückende Macht nicht mehr so unerläßlich war, wie man geglaubt hatte, daß die Industriegesellschaften sich mit einer sehr viel lockereren Macht über den Körper zufriedengeben konnten. Man hat damals entdeckt, daß die Kontrollen der Sexualität abgeschwächt werden und andere Formen annehmen konnten...Es bleibt zu untersuchen, welchen Körper die gegenwärtige Gesellschaft braucht...

Q.C.: Setzt sich Ihr Interesse für den Körper von aktuellen Interpretationen ab?
M. F.: Ich setze mich, wie mir scheint, sowohl von der marxistischen als auch von der para-marxistischen Perspektive ab. Was die erste betrifft, gehöre ich nicht zu jenen, die die Wirkungen der Macht auf der Ebene der Ideologie zu begrenzen versuchen. Ich frage mich tatsächlich, ob es nicht materialistischer wäre, wenn man, ehe man die Frage der Ideologie stellt, die Frage des Körpers und der Wirkungen der Macht auf ihn untersuchte. Denn bei jenen Analysen, die bevorzugt die Ideologie behandeln, stört mich die Tatsache, daß man immer noch ein menschliches Subjekt unterstellt, für welches die klassische Philosophie das Modell geliefert hat, ein Subjekt, das mit einem Bewußtsein ausgestattet ist, welches die Macht sich unterwerfen will.

Q.C.: Aber es gibt in der marxistischen Perspektive das Bewußtsein von der Wirkung der Macht auf den Körper in der Arbeitssituation.
M. F.: Sicher. Aber während heute die Forderungen eher die des entlohnten Körpers, als die der Lohnarbeiterschaft

sind, hört man von ihnen als solchen kaum noch...Alles läuft so ab, als blieben die "revolutionären" Diskurse von rituellen Themen durchdrungen, die sich auf marxistische Analysen beziehen. Und wenn es bei Marx sehr interessante Dinge über den Körper gibt, so hat der Marxismus - als historische Realität - ihn zugunsten des Bewußtseins und der Ideologie unheilvoll verborgen.

Man muß sich auch von Para-Marxisten wie Marcuse absetzen, die dem Begriff der Repression eine übertriebene Rolle zuweisen. Denn wenn die Macht nur Unterdrückungsfunktionen wahrnähme, wenn sie nur noch auf die Weise der Zensur, des Ausschließens, des Absperrens, der Verdrängung, in der Art eines großen Über-Ichs arbeitete, wenn sie nur auf negative Art ausgeübt würde, wäre sie sehr zerbrechlich. Wenn sie stark ist, dann deshalb, weil sie auf der Ebene des Begehrens positive Wirkungen produziert - das weiß man inzwischen - und auch auf der Ebene des Wissens. Die Macht, weit entfernt davon, Wissen zu verhindern, bringt es hervor. Wenn man ein Wissen über den Körper hat ausbilden können, dann war dies möglich über eine Gesamtheit militärischer und schulischer Disziplinen. Ausgehend von einer Macht über den Körper war ein physiologisches, organisches Wissen möglich.

Die Verwurzelung der Macht, die Schwierigkeiten, die man spürt, wenn man sich davon lösen will, rühren von all diesen Verknüpfungen her. Deshalb erscheint mir der Begriff der Repression, auf den man im allgemeinen die Machtmechanismen reduziert, sehr unzureichend und vielleicht gefährlich.

Q.C.: Sie untersuchen hauptsächlich die Mikro-Mächte, die auf der Ebene des Alltäglichen ausgeübt werden. Vernachlässigen Sie nicht den Staatsapparat?

M. F.: Tatsächlich haben die marxistischen und marxisierten revolutionären Bewegungen seit Ende des 19. Jahrhunderts den Staatsapparat als Zielscheibe des Kampfes bevorzugt.

Wozu hat das schließlich geführt? Um gegen einen Staat kämpfen zu können, der nicht nur eine Regierung ist, muß die revolutionäre Bewegung sich ein Äquivalent auf der Ebene politisch-militärischer Kräfte schaffen, also konstituiert sie sich als Partei, von Innen her wie ein Staatsapparat ge-

formt, mit denselben Mechanismen der Disziplin, denselben Hierarchien, derselben Organisation der Gewalten. Diese Konsequenz ist schwerwiegend. Zweitens soll die Übernahme des Staatsapparates - und darüber gab es innerhalb des Marxismus selbst eine große Diskussion - als schlichte Okkupation mit möglichen Modifikationen betrachtet werden, oder aber soll sie Gelegenheit zu seiner Zerstörung sein? Sie wissen, wie dieses Problem sich schließlich gelöst hat: man muß den Apparat unterminieren, aber nicht bis zum Ende, da ja, wenn die Diktatur des Proletariats sich etablieren wird, der Klassenkampf deshalb noch nicht beendet sein wird...Also muß der Staatsapparat hinreichend intakt bleiben, damit man ihn gegen Klassenfeinde benutzen kann. So kommt man zur zweiten Konsequenz: der Staatsapparat muß während der Diktatur des Proletariats wiederhergestellt werden, jedenfalls bis zu einem gewissen Punkt. Endlich, die dritte Konsequenz: um diese Staatsapparate, die besetzt, aber nicht zerschlagen werden, funktionieren zu lassen, ist es angemessen, nach Technikern und Spezialisten zu rufen. Und um dies zu tun, benutzt man die alte, mit dem Apparat vertraute Klasse, d.h. die Bourgeoisie. Zweifellos ist genau das in der UdSSR geschehen. Ich behaupte gar nicht, daß der Staatsapparat nicht wichtig sei, aber mir scheint, daß unter all den Bedingungen, die man, um nicht das sowjetische Experiment von vorn anzufangen, wieder zusammenfügen muß, damit der revolutionäre Prozeß nicht versandet, eine der vordringlichsten Sachen wäre, zu begreifen, daß die Macht nicht im Staatsapparat lokalisiert ist, und daß nichts in einer Gesellschaft verändert sein wird, wenn die Machtmechanismen, die ausserhalb der Staatsapparate, unter ihnen, daneben, auf einem sehr viel niedrigeren, alltäglicheren Niveau funktionieren, nicht verändert werden.
Wenn es gelingt, diese Beziehungen zu verändern oder die Wirkungen der Macht, die sich darin fortpflanzen, unerträglich zu machen, wird das Funktionieren der Staatsapparate stark erschwert... Ein anderer Vorteil der Kritik der Beziehungen auf unterster Ebene: innerhalb der revolutionären Bewegungen wird man das Bild des Staatsapparates nicht mehr wiederherstellen können.

Q.C.: Kommen wir eben zu den Humanwissenschaften, zur

Psychoanalyse insbesondere...
M. F.: Der Fall der Psychoanalyse ist wirklich interessant. Sie hat sich gegen eine gewisse Art von Psychiatrie etabliert (die der Entartung, der Eugenik, der Erblichkeit). Es sind jene Praxis und jene Theorie - in Frankreich repräsentiert durch Magnan -, die ihr großes Gegenbild darstellten. So hat wirklich die Psychoanalyse im Verhältnis zu jener Psychiatric (die übrigens die Psychiatrie der heutigen Psychiater bleibt) eine Befreierrolle gespielt. Und noch in einigen anderen Ländern (ich denke an Brasilien) spielte die Psychoanalyse eine positive politische Rolle, indem sie die Komplizenschaft zwischen den Psychiatern und der Macht denunzierte. Sehen Sie, was in den östlichen Ländern geschieht. Die, die sich für die Psychoanalyse interessieren, sind nicht die diszipliniertesten unter den Psychiatern...
Gleichwohl bleibt bestehen, daß hier in unseren Gesellschaften der Prozeß weitergeht und sich anders ausgewirkt hat... Die Psychoanalyse zeigt in einigen ihrer Leistungen Wirkungen, die sich in den Rahmen von Kontrolle und Normalisierung einfügen.

Q. C.: Quer durch ihre Studien über den Wahnsinn und das Gefängnis wohnt man der Konstituierung einer immer stärkeren disziplinierten Gesellschaft bei. Diese historische Entwicklung scheint durch eine quasi unausweichliche Logik geleitet...
M. F.: Ich versuche zu analysieren, wie sich in den Anfängen der industriellen Gesellschaften ein Strafapparat etabliert hat, der als Sortiermaschine zwischen den Normalen und den Anormalen funktioniert. Ich werde danach die Geschichte dessen, was im 19. Jahrhundert geschehen ist, verfolgen müssen, zeigen, wie man durch eine Reihe von Offensiven und Gegenoffensiven, Wirkungen und Gegenwirkungen zum aktuellen sehr komplexen Kräfteverhältnis hat kommen können und zum gegenwärtigen Profil der Schlacht. Die Kohärenz resultiert nicht aus der Aufdeckung eines Plans, sondern aus der Logik von Strategien, die sich einander entgegensetzen. Man muß die Archäologie der Humanwissenschaften auf die Erforschung der Machtmechanismen gründen, die Körper, Gesten und Verhaltensweisen besetzt haben.

Diese Archäologie findet übrigens eine der Bedingungen des Auftauchens der Humanwissenschaften in der großen Anstrengung der Disziplinierung und Normalisierung, die das 19. Jahrhundert unternahm. Freud wußte es genau. Was Normalisierung betrifft, war er sich dessen bewußt, besser zu sein als die anderen. Wozu also diese scheinheilige Schamhaftigkeit, zu sagen, daß die Psychoanalyse mit Normalisierung nichts zu tun habe?

Q.C.: Welches ist die Rolle des Intellektuellen in der Praxis?
M. F.: Der Intellektuelle hat nicht mehr die Rolle des Ratgebers zu spielen. Das Projekt, die Taktiken und die Zielscheiben, die man sich geben muß, sind von denen selbst zu erfinden, die sich schlagen und sich streiten, sie zu finden. Was der Intellektuelle tun kann, ist, Instrumente der Analyse zu liefern, und das ist augenblicklich im wesentlichen die Rolle des Historikers. Es geht tatsächlich darum, von der Gegenwart eine dichte, ausdauernde Wahrnehmung zu haben, die es erlaubt herauszufinden, wo die Linien der Schwäche und wo die starken Punkte sind, womit sich die Mächte verknüpft haben - gemäß einer Organisation, die jetzt 150 Jahre alt ist -, wo sie sich eingepflanzt haben. Anders ausgedrückt, eine topographische und geologische Aufnahme der Schlacht machen... Das wäre also die Rolle des Intellektuellen. Aber zu sagen: genau dies müßt ihr tun, das gewiß nicht.

Q. C.: Wer koordiniert die Aktion derer, die die Politik des Körpers machen?
M. F.: Das ist ein außerordentlich komplexes Ganzes, bei dem man sich schließlich fragen muß, wie es in seiner Anordnung, in seinen Mechanismen, seinen wechselseitigen Kontrollen, seinen Anpassungsleistungen so subtil sein kann, wo es doch niemanden gibt, der das Ganze gedacht hat. Es ist ein sehr verzweigtes Mosaik. In gewissen Epochen tauchen Verbindungsagenten auf... Nehmen Sie das Beispiel der Philanthropie zu Beginn des 19. Jahrhunderts: Leute beginnen sich um das Leben der anderen zu kümmern, um deren Gesundheit, Ernährung, Wohnung... Dann sind aus dieser unklaren Funktion Persönlichkeiten hervorgegangen, Institutionen, Wissen... eine öffentliche Hygiene, Inspektoren,

Sozialfürsorger, Psychologen. Und jetzt erlebt man eine Ausbreitung der Gruppen der Sozialarbeiter...Die Medizin spielt natürlich die fundamentale Rolle eines gemeinsamen Nenners...Ihr Diskurs ging von einem zu anderen. Im Namen der Medizin sah man sich an, wie Häuser ausgestattet waren, aber in ihrem Namen katalogisierte man auch einen Irren, einen Kriminellen, einen Kranken...Aber es gibt schon ein sehr vielfältiges Mosaik all dieser "Sozialarbeiter", wenn man von einer wirren Matrix wie der Philanthropie ausgeht...
Das Interessante liegt nicht darin, den Plan zu entdecken, der all dies angeleitet hat, sondern die Strategie herauszufinden, wie sich die Stücke plaziert haben.

Aus dem Französischen von Werner Garst

Man müßte sich von vier Arten der Analyse von Macht freimachen: 1. dem theoretischen Schema der Aneignung der Macht, das heißt von der Vorstellung, daß die Macht etwas ist, was man besitzt - was einige Bestimmte besitzen - was andere nicht besitzen. Und daß es in der Gesellschaft eine Gruppe von Leuten gibt, eine Klasse, die die Macht besitzt und die die Bourgeoisie sein soll.
2. dem Thema der Lokalisation der Macht, das heißt der Vorstellung, daß die politische Macht immer in einer bestimmten Anzahl von Elementen und im wesentlichen in den Staatsapparaten lokalisiert ist. Also dem Thema der Adaequation von Formen der Macht und politischen Strukturen.
3. dem Thema der Unterordnung. Der Vorstellung also, daß die Macht eine bestimmte Art der Aufrechterhaltung, der Fortsetzung und der Reproduktion einer Produktionsweise ist; das heißt, daß die Macht immer einer Produktionsweise untergeordnet ist, die wenn schon nicht historisch, so doch analytisch stets vorgängig ist.
4. dem Thema, nach dem die Macht innerhalb der Ordnungen der Erkenntnis nie anderes als ideologische Wirkungen produziert.

1) - Die Formel: "Sie haben die Macht" mag politisch ihren Wert haben; zu einer historischen Analyse taugt sie nicht. Die Macht wird nicht besessen, sie wirkt in der ganzen Dikke und auf der ganzen Oberfläche des sozialen Feldes gemäß einem System von Relais, Konnexionen, Transmissionen, Distributionen etc. Die Macht wirkt durch kleinste Elemente: die Familie, die sexuellen Beziehungen, aber auch: Wohnverhältnisse, Nachbarschaft etc. So weit man auch geht im sozialen Netz, immer findet man die Macht als etwas, das "durchläuft", das wirkt, das bewirkt. Sie kommt zur Wirkung oder nicht, das heißt, die Macht ist immer eine bestimmte Form augenblickhafter und beständig wiederholter Zusammenstöße innerhalb einer bestimmten Anzahl von Individuen. Die Macht wird deshalb nicht besessen, weil sie spielt, weil sie sich riskiert. Die Macht wird gewonnen wie eine Schlacht und genauso verloren. Im Herzen der Macht

ist ein kriegerisches Verhältnis und nicht eines der Aneignung.
Die Macht ist niemals voll und ganz auf einer Seite. So wenig es einerseits die gibt, die die Macht "haben", gibt es andererseits die, die überhaupt keine haben. Die Beziehung zur Macht ist nicht im Schema von Passivität-Aktivität enthalten. Sicher gibt es innerhalb des gesellschaftlichen Feldes "eine Klasse", die strategisch gesehen einen privilegierten Platz einnimmt und die sich durchsetzen kann, Siege einsammeln und eine Wirkung von Übermacht (surpouvoir) zu ihren Gunsten erlangen kann. Aber diese Wirkung gehört nicht zur Ordnung der Besitzerweiterung (sur-possession) oder des gesteigerten Profits (sur-profit). Die Macht ist niemals monolithisch. Sie wird nie völlig von einem Gesichtspunkt aus kontrolliert. In jedem Augenblick spielt die Macht in kleinen singularen Teilen.
So ist im 19. Jahrhundert das Problem des Arbeitersparens der Ort eines Machtkampfes gewesen. Seitens der Unternehmerschaft ist das Arbeitersparen aus dem Bedürfnis entstanden, die Arbeiterklasse räumlich und zeitlich an einen Produktionsapparat zu fixieren. Aber dieses von der Unternehmerstrategie durchgesetzte Arbeitersparen führte dazu, daß der Arbeiter fortan über eine gewisse Ansammlung von Mitteln verfügte, die es ihm ermöglichte zu streiken.
Man kann nicht Macht und Reichtum gleichsetzen: die Macht ist eine permanente Strategie, die man auf dem Hintergrund des Bürgerkrieges denken muß. Man muß das Schema aufgeben, nach dem die Macht Einigen per Vertrag vom Willen Aller übertragen ist.

2) - Die Macht läßt sich nicht als etwas beschreiben, was in den Staatsapparaten lokalisiert wäre. Vielleicht reicht es nicht einmal zu sagen, daß die Staatsapparate der Einsatz in einem inneren oder äußeren Kampf sind. Der Staatsapparat ist eine konzentrierte Form - eine Hilfsstruktur - das Instrument eines Systems von Mächten, die weit darüber hinausgehen, so daß praktisch gesehen weder die Kontrolle noch die Zerstörung des Staatsapparates ausreichen können, um einen bestimmten Machttypus zum Verschwinden oder zur Veränderung zu bringen.
Die Beziehung zwischen den Staatsapparaten und dem Mäch-

tesystem, in dessen Innerem sie begriffen sind und funktionieren, erhellt sich, wenn man sich den Polizeiapparat der französischen Monarchie ansieht. Dieser Staatsapparat war tief eingemauert in das Innere eines Machtsystems. Es konnte nur "lettres de cachet" geben und der Polizeiapparat konnte nur in dem Maße funktionieren, wie er sich mit einem System von Mächten verzahnte, die sich über die väterliche Autorität und das Wirken der lokalen und religiösen Gemeinschaften verteilten. Nur weil es dieses feine Netz von Mächten in der Gesellschaft gab, hat der neue polizeiliche Staatsapparat funktionieren können. Man hat gesehen, wie die Leute, die an der Spitze solcher kleinen Pyramiden von Mächten standen, sich des Polizeiapparates bemächtigten, um ihn funktionieren zu lassen. In gleicher Weise funktioniert der Strafapparat im 19. Jahrhundert in Verbindung mit dem Disziplinarsystem, das seine Möglichkeitsbedingungen bildet, einem System, dessen Agenten die Unternehmer sind, die Aufseher in den Fabriken, die technischen Angestellten, die Beamten, die Vorarbeiter, die Vermieter, die Lieferanten, die dem Arbeiter Kredit geben, etc. Alle diese Elemente konstituieren ebenso viele Machtinstanzen, die dem Strafapparat erlauben werden zu funktionieren (man hat gesehen, wie durch eine Häufung kleiner, dem Staatsapparat fremder Strafen die Individuen in Richtung auf den Strafapparat gedrängt wurden, um dessen Objekte zu werden). Man muß die Mächtesysteme nicht nur von den Staatsapparaten, sondern auch von den politischen Strukturen trennen.

3) - Den Mächtesystemen eine derartige Ausdehnung zu geben, heißt sein Augenmerk auf das eigentliche Funktionieren der Macht auf sehr tiefem Niveau zu richten. In dem Moment kann man die Macht nicht mehr als Garanten einer Produktionsweise begreifen; tatsächlich ist die Macht eines der konstitutiven Elemente der Produktionsweise, sie funktioniert im Herzen der Produktionsweise. Wir haben gesehen, daß das Funktionieren der Instrumente der Beschlagnahme (sequestration) (Fabrik, Gefängnis, Sparkassen, Asyle etc.) nicht die Garantie einer Produktionsweise, sondern gerade die Konstitution einer Produktionsweise war. Tatsächlich bestand das erste Ziel der Beschlagnahme in der Unterwerfung der Zeit unter die Zeit der Produktion (1. Fi-

xierung des Individuums an den Ablauf der Produktionsmechanik; 2. Unterwerfung unter den Zyklus der Produktion: Krisen, Arbeitslosigkeit; das Sparen wird zum Mittel dieser Unterwerfung werden; 3. System der Verschuldung und der lokalen Kontrolle, durch das die Arbeiter so lange an eine Stelle des Produktionsapparates gebunden werden, bis die Arbeitskraft rentabel wird). Ein derartiger Mechanismus geht weit über die bloße Garantie einer Produktionsweise hinaus. Er ist für sie konstitutiv.
Das Problem der Feudalgesellschaft bestand darin, durch Ausübung einer Souveränität die Erhebung der Rente zu sichern. Das Problem der industriellen Gesellschaft besteht darin zu erreichen, daß die Zeit der Individuen dem Produktionsapparat unter den verschiedenen Arten von Arbeitskraft integriert werden kann. Das heißt, es ist notwendig, daß die Zeit, die der Unternehmer kauft, nicht "reine" Zeit ist, sondern ganz klar die einer Arbeitskraft. Anders gesagt, es handelt sich darum, die Lebenszeit der Individuen als Arbeitszeit zu konstituieren. Wenn es stimmt, daß es der ökonomischen Struktur, die sich durch die Akkumulation des Kapitals charakterisiert, eigen ist, Arbeitskraft in produktive Kraft zu verwandeln, so ist es das Ziel der Machtstruktur, die die Form der Beschlagnahme annimmt. Lebenszeit in Arbeitskraft zu verwandeln. Die Beschlagnahme entspricht hinsichtlich der Macht dem, was auf Seiten der Ökonomie Akkumulation des Kapitals heißt.
Es ist falsch, "mit jenem berühmten Nach-Hegelianer" zu sagen, daß die konkrete Existenz des Menschen die Arbeit ist. Denn das Leben und die Zeit des Menschen sind nicht von Natur aus Arbeit, sie sind: Lust, Unstetigkeit, Fest, Ruhe, Bedürfnisse, Zufälle, Begierden, Gewalttätigkeiten, Räubereien etc. Und diese ganze explosive, augenblickhafte und diskontinuierliche Energie muß das Kapital in kontinuierliche und fortlaufend auf dem Markt angebotene Arbeitskraft transformieren. Das Kapital muß das Leben in Arbeitskraft synthetisieren, was Zwang impliziert: den des Systems der Beschlagnahme. Die List der industriellen Gesellschaft bestand darin, zur Ausübung dieses Zwangs die alte abgenutzte Technik der Einschließung der Armen wiederaufzunehmen.
Die Einschließung der Armen im 17./18. Jahrhundert war eine Weise, diejenigen zu fixieren, die durch Müßiggang den

demographischen Fixierungen, durch die die Souveränität ausgeübt wurde, entkamen. Diese alte Institution wird auf die ganze Gesellschaft verallgemeinert werden, sie wird benutzt werden, um die Individuen an die gesellschaftlichen Apparate anzuschalten, und so die Beschlagnahme ermöglichen, die ihrerseits konstitutiv sein wird für die kapitalistische Produktionsweise.

4) - Die Macht ist nicht begriffen in der Alternative: Gewalt oder Ideologie. Tatsächlich ist jeder Punkt der Machtausübung zur gleichen Zeit ein Ort der Wissensbildung. Und umgekehrt erlaubt und sichert jedes etablierte Wissen die Ausübung einer Macht. Anders gesagt, es gibt keinen Gegensatz zwischen dem, was getan, und dem, was gesagt wird.

So etwa in der administrativen Überwachung der Bevölkerungsgruppen in der Epoche der Klassik (Ausbildung des zentralisierten Staates). Im 17./18. Jahrhundert war in Frankreich diese Überwachung eine der Funktionen der Macht, die bestimmte Wissensarten (savoirs) entstehen ließ. 1. Ein Verwaltungswissen: diejenigen, die den Staatsapparat verwalteten, bildeten ein Wissen aus, das sie akkumulierten. Sie wußten aus Erhebungen, Beobachtungen, Erfahrungen, wie man besteuern mußte, wie die Lasten zu kalkulieren waren, wer dazu neigte, sie nicht zu bezahlen. Ebenso, aus welcher Bevölkerungsgruppe man Soldaten rekrutieren konnte etc... 2. Ein Ermittlungswissen: über die demographische Bewegung einer Region, über die handwerklichen Techniken, über die landwirtschaftlichen Techniken, über den Gesundheitszustand der Bevölkerungsgruppen. Diese Ermittlungen geschahen zunächst auf private Veranlassung hin; in der zweiten Hälfte des 18. Jahrhunderts (1760-70) nahm sie der Staat in die Hand. Die Königliche Gesellschaft für Medizin kodifizierte und verallgemeinerte die Untersuchungen über die Gesundheit der Bevölkerungsgruppen, die früher Gegenstand unabhängiger Leute gewesen waren. Gleiches geschah mit den Untersuchungen über die industriellen Techniken etc. 3. Ein Inquisitionswissen. Die Arrestierung eines Individuums wurde stets von einem Bericht über sein Verhalten begleitet.
Ab dem 19. Jahrhundert werden diese Techniken wieder aufgenommen und zwar in Funktion zweier großer Prinzipien:

1. Künftig wird jeder Träger von Macht ein Agent der Konstitution von Wissen sein. Das heißt, daß jeder Agent der Macht denen, die ihm die Macht übertragen haben, ein bestimmtes und der von ihm ausgeübten Macht entsprechendes Wissen wird zurückerstatten müssen. Das sieht so aus, daß einem gegebenen Befehl ein Bericht über die Art und Weise antworten muß, wie der Befehl ausgeführt wurde, die Bedingungen, die seine Ausführung ermöglichten oder verhinderten, über die Wirkungen dieses Befehls und mögliche Korrektionen, die es vorzunehmen gälte. Die Präfekten, die Generalstaatsanwälte sind an diese Verpflichtung zu einem Bericht gebunden.
2. Der Bericht als Form der Beziehungen zwischen der Macht und dem Wissen. (Wenn in früheren Zeiten der Bericht existierte, dann höchstens punktuell und auf Grund einer Gewohnheit. Die Systematisierung, der institutionelle Charakter dieses Rückbezugs zwischen jedem Agenten der Macht und seinem Vorgesetzten ist ein Phänomen, das in der Geschichte der Macht-Wissen-Beziehungen genauso wichtig gewesen ist wie die doppelte Buchführung in der mittelalterlichen Ökonomie oder die Erfindung des Feed-back in der modernen Technologie.) In Verbindung mit diesem Bericht kam es zur Einrichtung einer Serie von spezifischen Instrumenten der Abstraktion, der Verallgemeinerung, von Schätzungen und Statistiken. Die Statistik ist zu einer Wissenschaft des Staates geworden und wird so etwas wie der Soziologie Platz machen. (Oft ist die philosophische Kritik der Abstraktion durchgeführt worden, genauso oft die Geschichte der experimentellen Methode geschrieben worden. Man müßte die Geschichte der administrativen Herkunft (l'extraction) des Wissens schreiben.)
Es stimmt, daß man nicht das 19. Jahrhundert abzuwarten brauchte, damit die Macht sich mit einer bestimmten Anzahl von Ratschlägen und Kenntnissen erhellte, kurz mit Diskursen von Individuen, die mehr oder weniger durch die Macht qualifiziert oder geschätzt waren. Daß die Souveräne sich mit Pädagogen umgaben, daß die Könige von Philosophen, Gelehrten oder Weisen beraten wurden, das stammt nicht aus dem 19. Jahrhundert. Aber vom 19. Jahrhundert an findet sich das Wissen als solches satzungsmäßig, institutionell mit einer bestimmten Macht ausgestattet. Innerhalb der Teilung von Handarbeit und intellektueller Arbeit hat

das 19. Jahrhundert etwas Neues gebracht, das darin besteht, daß das Wissen ausgestattet mit einer bestimmten Quantität Macht in der Gesellschaft funktionieren muß. Eben dadurch, daß es Wissen ist, verfügt es über Macht, und es sind nicht der gute Wille der Macht oder ihre Neugierde, die sich dem Wissen öffnen.

Die Art und Weise, wie alle Stufen des Wissens durch den Schulapparat (und überhaupt alle Bildungsapparate) gemessen, kalkuliert und authentifiziert werden, ist Ausdruck davon, daß in unserer Gesellschaft ein Wissen berechtigt ist, Macht auszuüben.

Vom 19. Jahrhundert an wird jeder Gelehrte zum Professor oder zum Direktor eines Laboratoriums. Das heißt, daß die Person des "freischwebenden" Gelehrten (der keine andere Funktion in der Gesellschaft ausübt als die, die Wahrheit zu sagen, oder Ratschläge zu erteilen) verschwindet zugunsten desjenigen, dessen Wissen sogleich authentifiziert wird durch die Macht, die er ausübt. In gleicher Weise sieht sich der Mediziner, der vom 19. Jahrhundert an Herr des Normalen und des Pathologischen ist, eine bestimmte Macht nicht nur über seinen Patienten, sondern über Gruppen, über die ganze Gesellschaft ausüben. Ein anderes Beispiel ist die Psychiatrie. Die Macht des Psychiaters wurde in Frankreich durch das Gesetz von 1838 institutionalisiert, das, indem es den Psychiater zum Experten machte, der bei jeder Internierungsmaßnahme zu konsultieren war, dem psychiatrischen Wissen eine bestimmte Quantität Macht verlieh.

Man gibt leicht dem sozialen Feld eine gewisse Undurchsichtigkeit, wenn man dort auf nichts anderes zielt als auf die Produktion und das Begehren oder auf die Ökonomie und das Unbewußte. Tatsächlich aber gibt es eine ganze transparente Zwischenschicht zu analysieren, die sich enthüllt, untersucht man die Strategie der Macht, in denen die Soziologen nur das stumme System oder das Unbewußte der Regeln, die Epistemologen nur schlecht kontrollierte ideologische Wirkungen erblicken. Da genau kann man die perfekt geführten und kalkulierten Strategien der Macht sehen.

Das Strafrechtssystem (systême pênal) ist ein Beispiel dafür. Denn in der Tat kann, solange man das Problem des Strafrechtssystems in Begriffen der Ökonomie stellt, keine

Analyse sei es des Gefängnisses, sei es der Randgruppen von seiner Existenz Rechenschaft geben. Stellt man dagegen das Problem auf dem Niveau von Macht-Wissen, so behindert keine trügerische Undurchsichtigkeit mehr die Analyse des Strafrechtssystems. Statt vom Strafsystem müßte man eigentlich vom Disziplinarsystem sprechen, das heißt von einer Gesellschaft ausgestattet mit einem Apparat, dessen Form die der Beschlagnahme ist, dessen Ziel das der Konstitution von Arbeitskraft und dessen Instrument das der Erwerbung von Disziplin und Gewohnheiten ist. Seit dem 19. Jahrhundert haben sich eine Reihe von Apparaten entwickelt und verdunkelt, deren Zweck es war, Disziplin zu fabrizieren, Zwänge aufzuerlegen, Gewohnheiten auszubilden. Was im Zuge dieser Entwicklung geschah, stellte also die Vorgeschichte der Machtapparate dar, die als Sockel zum Erwerb von Gewohnheiten als sozialen Normen dienten.

Das Wort "Gewohnheit" hat in der Politik des 18. Jahrhunderts einen kritischen Gebrauch, der die Analyse der Institution, des Gesetzes, der Autorität erlaubt. Man bediente sich dieses Begriffes, um zu erfahren, in welchem Maße eine Institution, ein Gesetz oder eine Autorität begründet werden konnten. So funktioniert die Hume'sche Kritik, die sich des Begriffs "Gewohnheit" als Instrument bedient. Gebraucht man im 18. Jahrhundert diesen Begriff, so geschieht es, um "abzukratzen", was traditionelle, auf einer Transzendenz begründeten Verpflichtungen waren, und sie durch die reine und einfache Verpflichtung des Vertrages zu ersetzen. Also Kritik der Tradition mit der "Gewohnheit", um die sozialen Bande in Vertragsform zu bringen.

Im 19. Jahrhundert wird das Wort "Gewohnheit" in präskriptiver Weise gebraucht werden. Gewohnheit wird das werden, dem man sich zu unterwerfen hat. So gibt es eine ganze Ethik, begründet auf der Gewohnheit, die zu einer positiven Gegebenheit wird. Die Gewohnheit steht nicht mehr im gleichen Verhältnis zum Vertrag wie im 18. Jahrhundert, sie ist begriffen als Komplement des Vertrages. Im 19. Jahrhundert ist der Vertrag die juristische Form, gemäß der die Besitzenden sich untereinander verbinden. Er ist die Form, die das Eigentum eines jeden garantiert. Der Vertrag ist das, was dem Austausch eine juristische Form

verleiht. Der Vertrag ist das, wodurch die Individuen Verbindungen (Ehen) knüpfen ausgehend von ihrem Besitz. Mit anderen Worten, der Vertrag ist das Band der Individuen, sei es zu ihrem Besitz, sei es der Individuen untereinander durch ihren Besitz. Gewohnheit ist auf der anderen Seite das, wodurch die Individuen an den Produktionsapparat gebunden werden müssen, Gewohnheit ist das, wodurch die Besitzlosen an einen Apparat gebunden werden, den sie nicht besitzen. Gewohnheit ist das Komplement des Vertrages für die, die nicht durch Besitz verbunden sind.
So fixiert der Apparat der Beschlagnahme die Individuen an den Produktionsapparat, indem er vermittels eines Spiels von Zwängen, Lehren und Strafen Gewohnheiten produziert. Dieser Apparat muß ein Verhalten fabrizieren, das die Individuen charakterisiert, er muß einen Nexus von Gewohnheiten schaffen, wodurch sich die soziale Zugehörigkeit der Individuen zu einer Gesellschaft bestimmt, das heißt er fabriziert so etwas wie die Norm.
Während die klassische Internierung einzelne Individuen außerhalb der Normen warf, während durch die gleichzeitige Einschließung von Kranken, Irren und Verbrechern etc. dieser Apparat Monstren zeitigte, fabriziert die moderne Beschlagnahme Norm. Konstitution der Arbeitskraft - Apparat der Beschlagnahme: Disziplinargesellschaft, permanente Funktion der Normalisierung. Das ist die Serie, die unseren Gesellschaftstyp charakterisiert.
Wollte man das Mächtesystem bezeichnen, innerhalb dessen das Gefängnis funktioniert (symbolisch, konzentriert), so könnte man folgendes sagen:
Bis zum 18. Jahrhundert hatte man eine Gesellschaft, in der die Macht die sichtbare Form der Hierarchie und der Souveränität annahm. Diese Macht betrieb ihre Operation durch ein Ensemble von Markierungen, von Zeremonien. Dieser Macht entsprach eine Anzahl von Helden-Erzählungen, deren Funktion es war, das Leben des Souveräns und seiner Ahnen zu überliefern, das heißt die Vergangenheit der Souveränität zu aktualisieren, um die Macht zu stärken. Die Geschichtsschreibung als Randdiskurs dieser Macht war eine der Machtfunktionen. Und selbst bei Saint-Simon, Voltaire etc. sucht die Geschichtsschreibung noch die Macht zu imitieren, immer noch wirkt - wenngleich jetzt umgekehrt - der Diskurs in diesem Gebiet.

Das, wodurch die Macht im 19. Jahrhundert wirkt, ist die Gewohnheit, die bestimmten Gruppen auferlegt wurde. Die Macht kann ihren Aufwand von früher aufgeben. Sie nimmt die hinterlistige, alltägliche Form der Norm an, so verbirgt sie sich als Macht und wird sich als Gesellschaft geben.

Die Rolle des Gedächtnisses der Macht im 17. Jahrhundert wird jetzt wieder aufgenommen durch das, was man gesellschaftliches Bewußtsein nennt. Dort eben wird Durkheim den Gegenstand der Soziologie finden, vgl. seine Theorie der Anomie, worin er sagt, daß das, was das Gesellschaftliche als solches ausmacht - im Gegensatz zum Politischen, das das Niveau der Entscheidungen, und zur Ökonomie, das das der Determination ist - nichts anderes ist als das System des Zwangs, der "Disziplin", was heißt, daß es das System der Disziplinierungen (systême des disciplines) ist, durch das die Macht wirkt, aber nur indem sie sich verbirgt und sich als die Realität präsentiert, die jetzt ein zu durchlaufendes und zu beschreibendes Wissen ist und die die Gesellschaft als Gegenstand der Soziologie darstellt. Die Gesellschaft als Gegenstand der Soziologie ist das System der Disziplinierungen, wie Durkheim gesagt hat. Dieses System muß im Innern der einem Mächtesystem eigenen Strategien analysiert werden können.

Der Diskurs, der jetzt die Disziplinarmacht begleiten wird, wird der sein, der die Norm begründet, analysiert und spezifiziert, um sie präskriptiv zu machen. Der Diskurs des Königs kann verschwinden und ersetzt werden durch den Diskurs dessen, der die Norm angibt, dessen, der überwacht, der die Scheidung in das Normale und das Anormale vornimmt, das heißt durch den Diskurs des Lehrers, des Richters, des Arztes, des Psychiaters, schließlich und vor allem den Diskurs des Psychoanalytikers.

Im assyrischen Reich wurden die Bedingungen für die Erneuerung der Macht gesichert durch einen bestimmten mythischen Diskurs, der periodisch die Genealogie und die Vergangenheit erzählte; heute ist an die Stelle des der Macht verbundenen Diskurses ein normalisierender Diskurs getreten: der der Humanwissenschaften.

Aus dem Französischen von Ulrich Raulf

DIE FRÖHLICHE WISSENSCHAFT DES JUDO
Ein Gespräch mit Jean-Louis Ezine

FRAGE:Von den Irrenanstalten und Kliniken zu den Gefängnissen: hoffen Sie, durch diese mühsame Archivierung der gesellschaftlichen Nischen die Philosophie von ihrer Impotenz zu befreien?
M. FOUCAULT: Wie Sie wissen, spreche ich nicht als Philosoph. Als ich begann, mich mit diesen Niederungen der gesellschaftlichen Realität zu befassen, haben einige Leute wie Barthes, Blanchot und die englischen Antipsychiater dafür Interesse gezeigt. Aber weder die Philosophen noch die Politiker haben sich im geringsten dafür interessiert. Keine einzige jener Zeitschriften, die dazu da sind, die geringsten Zuckungen in der Philosophie aufmerksam zu registrieren, hat darauf geachtet. Das Problem der gesellschaftlichen Kontrollen - mit dem alle Fragen des Wahnsinns, der Medizin, der Psychiatrie zusammenhängen - ist erst mit dem Mai 68 schlagartig ins Zentrum der Auseinandersetzungen gerückt.

F.: Wenn die zeitgenössische Philosophie die Asozialität der Machtmechanismen analysiert - trägt sie dann nicht dazu bei, den Diskurs dieser Mächte voranzutreiben, indem sie ihnen gerade durch ihre Demaskierung hilft, ihre Strategie zu verfeinern?
M.F.: Ihre Frage unterstellt, daß ich der Autor eines philosophischen Diskurses bin, der eben wie jeder philosophische Diskurs funktioniert, d.h. im Sinn der Machtmechanismen, die er stützt. Darüber könnten wir diskutieren... Aber wie meine Arbeit auch immer beschaffen sein mag, es ist absolut wahr, daß sie der Macht die Verfeinerung ihrer Strategie erlaubt, wovor man meines Erachtens aber keine Angst haben sollte. In den politischen Gruppen steckt seit langem die Angst, daß ihr Diskurs in die denunzierten Mechanismen integriert wird. Ich glaube jedoch, daß sich die Dinge so abspielen müssen. Nicht weil er von Natur aus verdorben ist, kann der Diskurs umfunktioniert werden, sondern weil er in einen Zusammenhang von Kämpfen eingeschrieben ist. Daß sich der Gegner auf ihren Zugriff wirft und ihn in seinen eigenen Zugriff verwandeln will, offenbart gera-

de den Wert des Einsatzes und die Strategie des Kampfes: wie beim Judo ist die beste Erwiderung auf ein gegnerisches Manöver nicht das Zurückweichen sondern seine Ausnutzung für sich selbst als Ausgangspunkt für die nächste Phase. Z.B. hat Giscard d'Estaing auf die jüngste Bewegung gegen das Strafsystem mit der Schaffung eines Sekretariats für Strafvollzug geantwortet. Es wäre dumm von unserer Seite, darin einen Sieg dieser Bewegung zu sehen. Aber es wäre ebenso dumm, darin den Beweis dafür zu sehen, daß diese Bewegung von der Gegenseite vereinnahmt worden ist. Das Gegenmanöver der Macht läßt nur die Bedeutsamkeit des Kampfes ermessen. An uns liegt es jetzt, eine neue Antwort zu finden.

F.: In meiner Frage wollte ich weniger ein Postulat als viel mehr einen Trugschluß zum Ausdruck bringen: man muß doch in Betracht ziehen, daß sich die Macht, ausschließlich als Prinzip der gesellschaftlichen Unterdrückung definiert, seit zwei Jahrhunderten trotz des Heraufkommens und der Entwicklungen der Demokratie unabwendbar perfektioniert. Gerade das will Ihr Buch ja zeigen. Und ich kann nicht umhin, darin eine gewisse Vorliebe für das Paradox oder gar einen traditionellen Beigeschmack von philosophischem Skeptizismus zu sehen.
M. F.: Sobald man einer Macht bedurfte, die weit weniger brutal und kostspielig, viel weniger sichtbar und drückend war als die große monarchische Verwaltung, hat man einer bestimmten gesellschaftlichen Klasse, oder zumindest ihren Repräsentanten, größere Spielräume in der Teilnahme an der Macht und im Treffen der Entscheidungen eingeräumt. Zum Ausgleich aber hat man ein Dressursystem weiterentwickelt, das wesentlich auf die anderen gesellschaftlichen Klassen angesetzt wird, aber auch auf die neue herrschende Klasse - denn die Bourgeoisie hat gewissermaßen an sich selber gearbeitet, sie hat ihren eigenen Typ von Individuen erarbeitet. Ich glaube nicht, daß die beiden Phänomene einander widersprechen; vielmehr war das eine der Preis des andern, das eine war nur möglich durch das andere. Um auf dem Niveau der Institutionen einen bestimmten bürgerlichen Liberalismus zu ermöglichen, bedurfte es auf der Ebene der "Mikromächte" einer viel engeren Einschnürung der Individuen, einer besser durchor-

ganisierten Parzellierung der Körper und Verhaltensweisen. Die Disziplin ist die Kehrseite der Demokratie.

F.: Heißt das, daß mit der Demokratie die Überwachung zunimmt?
M. F.: Auf die eine oder andere Weise trifft dies zu. Die Kontrolle kann ja verschiedene Formen annehmen: von den Kasernen und kirchlichen Internaten bis zu den modernen Überwachungen, die etwa durch den Konsumdruck erzielt werden, ohne daß die Leute es merken. Zu Beginn des 19. Jahrhunderts wollte man die Arbeiter trotz ihrer sehr niedrigen Löhne zum Sparen anhalten. Dabei ging es gewiß mehr um die Aufrechterhaltung der politischen Ordnung als um die Wirtschaft. Es handelte sich darum, der Bevölkerung mithilfe von Instruktionen ein ordentliches und vernünftiges Leben einzuschärfen. Heute sind diese moralischen Holzhammermethoden nicht mehr nötig: das Prestige des Autos, die Infrastrukturpolitik und der Anreiz zum Konsum führen zu ebenso wirksamen Normalisierungen des Verhaltens.

F.: Gleichwohl werde ich den Eindruck nicht los, daß Sie mit logischen Tricks spielen: der Strukturalismus etwa definiert die Regel und die Ausnahme durch das Verhältnis der beiden zueinander. Hingegen gründen Sie die Regel auf die Ausnahme. Sie definieren und rechtfertigen die Existenz und den Vollzug der Regel nur noch durch das, was ihr entwischt. Das Gesetz ist dazu da, um die Übertretung zu schaffen; das Gefängnis ist da, um die Delinquenz zu produzieren usw.
M. F.: Sie verweisen mit Recht auf den Strukturalismus. Man könnte das Hauptbeispiel der strukturalen Methode anführen, nämlich das Inszestverbot und die Heiratsregeln, weil man hier dank dem Genie von Lévi-Strauss der Linguistik oder der Mathematik entlehnte formale Modell im Bereich der Sozialwissenschaften anwenden konnte. Mich interessiert allerdings weniger dies, und ich habe immer das Verlangen gehabt, die Anthropologen zu fragen, welches das wirkliche Funktionieren der Inzestregel ist. Ich verstehe Regel nicht als formales System, sondern als wirkliches, alltägliches, individualisiertes Zwangsinstrument. Was mich interessiert, ist der Zwang: wie er auf das einzelne

Bewußtsein drückt und wie er sich in die Körper einprägt; wie er die Leute zur Empörung bringt und wie sie ihm den Garaus machen. An diesem Punkt der Berührung, der Reibung und möglicherweise des Konflikts setze ich meine Fragen an.
In dem Augenblick, in dem das große System der wissenschaftlichen und philosophischen Rationalität das allgemeine Vokabular produziert, in dem man seit dem 17. Jahrhundert kommuniziert, stellt sich die Frage, was mit denen geschieht, die durch ihr Verhalten von dieser Sprache ausgeschlossen sind. Das ist die Frage, die mir keine Ruhe läßt.

F.: Sie gehen noch weiter in der Analyse des Funktionierens der gesellschaftlichen Regeln. So sagen Sie nicht, daß die Gefängnisse unvollkommen sind, weil sie nicht imstande sind, die Delinquenz einzuschränken; vielmehr sagen Sie, daß sie vollkommen sind, weil sie die Delinquenz produzieren und weil sie dazu gemacht sind.
M. F. : Genau das wollte ich sagen. Aber diese Analyse bezieht sich momentan nur auf die bürgerlichen und Strafgesetze, nicht auf die Vernunft überhaupt. Beim Studium der Gesetze gewann ich den Eindruck, daß sie nicht einfach dazu bestimmt sind, Unordnung und Störungen usw. zu verhindern, sondern daß ihre Zweckbestimmung viel komplexer ist. Sobald ein Gesetz in Kraft ist, verbietet oder verurteilt es bestimmte Verhaltensweisen; und damit bildet sich um das Gesetz herum eine Aura von Gesetzwidrigkeiten, die nun aber durch das Strafsystem und das Gesetz keineswegs gleichmässig behandelt oder unterdrückt werden. Nehmen Sie z.B. die Gesetze zum Schutz des Eigentums: sie wirken je nach der Natur des Eigentums durchaus verschieden aus, so daß man sich fragen kann, ob das Gesetz nicht unter dem Anschein einer allgemeinen Regel bestimmte Gesetzwidrigkeiten ganz anders behandelt als andere, in gewissen Fällen tolerant und in anderen intolerant ist, die Bereicherung der einen und die Verarmung der anderen autorisiert. Das Strafsystem wäre somit eine Methode zur "Organisierung" der Gesetzwidrigkeiten: zu ihrer Differenzierung, Aufrechterhaltung und nutzbringenden Funktionalisierung.

F.: Wollen Sie damit sagen, daß sich das Verbrechen für
die Macht auszahlt?
M. F.: Bestimmte Verbrechen zahlen sich sehr wohl aus.
Das Gefängnis ist ein merkwürdig verhextes System zur Um-
formung der Individuen. Man hat tatsächlich bald erkannt,
daß das Gefängnis die Individuen nicht "reformiert", son-
dern aus ihnen ein Milieu formiert, in dem die Delinquenz
die einzige Lebensweise ist. Diese geschlossene, kontrollier-
te und mit Spitzeln durchsetzte Delinquenz ist zu einem
wertvollen ökonomischen und politischen Instrument in der
Gesellschaft geworden, und darin liegt ein Hauptmerkmal
der Organisation dieser Delinquenz vermittels des Strafsy-
stems und des Gefängnisses. Die Delinquenz ist ein gesell-
schaftlicher Fremdkörper im Gesellschaftskörper. Ganz ho-
mogen, von der Polizei überwacht und erfaßt und von Spit-
zeln durchsetzt, wurde sie alsbald zu ökonomischen und po-
litischen Zwecken eingesetzt: mit der Organisation der Pro-
stitution im 19. Jahrhundert ist die Delinquenz zum Steuer-
agenten geworden, der die Vergnügungssteuer für Sexuali-
tät eintreibt; und mit den Stoßtrupps, die aus Kriminellen
rekrutiert waren, hat Napoleon III. als erster die Arbeiter-
bewegungen systematisch unterwandert.

F.: Die Probleme des Strafvollzugs stehen auf der Tages-
ordnung und werden in vielen Veröffentlichungen behandelt.
Welchen Platz nimmt da Ihr Buch ein?
M. F.: Es handelt sich nur um eine kleine Geschichte am
Rande, neben den aktuellen Kämpfen... Im übrigen ist es
notwendig, daß die historische Analyse einen Teil des poli-
tischen Kampfes bildet; dabei geht es nicht darum, den
Kämpfen einen Leitfaden oder einen theoretischen Apparat
an die Hand zu geben, sondern ihre möglichen Strategien zu
entwerfen. Es steht fest, daß der Marxismus - worunter
ich die Scholastik des Wissens, den Kanon aus Texten ver-
stehe - uns dafür überhaupt kein Instrument liefert, wäh-
rend sich die Kämpfe doch an allen Fronten vervielfältigt
haben: Sexualität, Psychiatrie, Medizin, Strafsystem. Wissen
Sie, womit sich die marxistischen Psychiater in den Sech-
ziger Jahren befaßt haben? Sie wollten wissen, wie man den
Pawlowismus auf die Psychiatrie anwenden könne... Sie ha-
ben nicht einen Augenblick lang die Funktion der psychiatri-
schen Macht, die Verfestigung der sexuellen Rollen und des

Familiensystems in Frage gestellt. Die gängige psychiatrische Praxis funktionierte doch längst als Normalisierungsagent und unterstützte die Macht der Familie, des Männlichen und der Heterosexualität. Wenn die beiden großen Verlierer der letzten 15 Jahre der Marxismus und die Psychoanalyse sind, so liegt dies daran, daß sie mit den Herrschaftsmechanismen - weniger mit der herrschenden Klasse - allzu eng verquickt waren.
Gerade gegen diese Mechanismen aber richteten sich die Bewegungen des Volkes. Da sich Psychoanalyse und Marxismus von den Herrschaftsmechanismen nicht abgesetzt hatten, hatten sie an den Volksbewegungen keinen Anteil.

F.: Gefallen Sie sich nicht in einem gewissen Negativismus?
M. F.: Ja, ich finde großen Gefallen daran. Die Bourgeoisie ist ja keineswegs so dumm und verschlafen, wie Baudelaire gedacht hat. Die Bourgeoisie ist intelligent, scharfsichtig und berechnend. Keine Herrschaftsform war jemals so fruchtbar und damit so gefährlich, so tief eingewurzelt wie die ihrige. Wenn man ihr laute Anklagen entgegenschleudert, wird sie nicht umfallen; sie wird nicht verlöschen wie eine Kerze, die man ausbläst. Das rechtfertigt eine gewisse Traurigkeit. Umso mehr gilt es, in den Kampf soviel Fröhlichkeit, Helligkeit und Ausdauer wie nur möglich hineinzutragen. Wirklich traurig wäre, sich nicht zu schlagen..
Im Grunde will ich gar nicht schreiben. Schreiben ist eine sehr schwer zu überstehende und übersteigende Tätigkeit. Das Schreiben interessiert mich nur, sofern es sich als Instrument, Taktik, Erhellung in einen wirklichen Kampf einfügt. Ich möchte, daß meine Bücher so etwas wie Operationsmesser, Molotowcocktails oder unterirdische Stollen sind und daß sie nach dem Gebrauch verkohlen wie Feuerwerke ...
F.: Allerdings sieht Ihr dunkel-barocker Stil nicht nach Journalismus und Schnelldienst aus...
M. F.: Der Gebrauch eines Buches hängt eng mit der Lust zusammen, die es verschafft. Doch verstehe ich das, was ich mache, überhaupt nicht als "Werk" und ich bin bestürzt, daß sich jemand "Schriftsteller" nennen kann. Ich bin ein Werkzeughändler, ein Rezeptaussteller, ein Richtungsanzeiger, ein Kartograph, ein Planzeichner, ein Waffenschmied...

Aus dem Französischen von Walter Seitter

Michel Foucault vu par Wiaz

STATT EINES SCHLUSSWORTS*

Fürchterliche Maschinen gibt es in unserer Gesellschaft: sie sieben die Menschen, mustern die Geisteskranken aus, tragen sie zusammen und schließen sie ein; angeblich stellen sie deren Normalität wieder her. Frage: tun sie ihre Arbeit?

Daß sie ihre Arbeit nicht tun, weiß man sehr gut seit der Zeit, da man schreit:"Alle Leute sind verrückt; die Verrückten sind genauso vernünftig wie Du und ich; und außerdem hat die Psychiatrie noch nie jemand geheilt." Aber diese Schreie bleiben wirkunsglos. Von anderswo und weither gekommen, ist es ihnen nicht gegeben, die Maschine kaputt zu machen.

Lieber werft ein Sandkorn ins Getriebe. Macht folgendes Experiment: schleust "normale" Individuen in die Maschine. Ohne Finte, ohne Verstellung, ohne Simulieren. So daß sie sich verhalten wie jeden Tag und wie draußen. Was wird die Maschine tun? Sie geschickt aufspüren und abweisen? Nein. Eitel vorgeben, daß sie sie selbst geheilt hat, und daß wenn sie jetzt normal sind, es ihr zu verdanken ist? Auch das nicht. Das einzige, was sie sagen kann, nach Wochen des Nachdenkens: "Sie müssen in der Phase des Abklingens sein."

Die Sortiermaschine ist blind gegenüber dem, was sie sortiert; die Umwandlungsmaschine kennt nicht das Ziel der Umwandlung. Kurz gesagt, die psychiatrische Maschine, die bipolar funktioniert (normal/anormal), macht zwischen den beiden Polen keinen Unterschied.

Das Experiment ist einfach, aber es mußte erst einmal versucht werden. In den Vereinigten Staaten hat man es durchgeführt. Dafür einen kleinen Nobelpreis des wissenschaftlichen Humors.

---

* M. Foucault bezieht sich auf einen Artikel von David L. Rosenhan, "Je me suis fait passer pour fou..." (Le Nouvel Observateur, Nr. 435, 1973), der davon berichtet, wie er gänzlich 'normale' Personen dazu animierte, ein "Stimmenhören" zu simulieren und sich in einer Nervenanstalt therapieren zu lassen.

Zwei Weisen gibt es, den wissenschaftlichen Humor zu praktizieren. Man gehe in einer Ecke des Wissens eine kleine Bizarrerie suchen, eine Zone des Halbschattens, um die die vornehme Welt sich nicht geschert hat, und man stelle hartnäckig an alle die Frage: "Können Sie es mir erklären?"; und zwar bis zu dem Moment, da man das Recht hat zu sagen: sie weigern sich zu sehen, weil sie sonst mit allem wieder bei Null beginnen müßten. Auf diese Weise ist Freud den Traum suchen gegangen... Humor der Naivität. Oder man erzähle irgend etwas Ungeheuerliches, durch das die Bude in die Luft gesprengt wird, aber ohne gewaltsamen Ansturm, indem man im Gegenteil ein vertrautes Verhalten an den Tag legt, indem man den Eindruck erweckt, ohne Unruhe das Haus zu bewohnen, das man vermint, und die Sprache zu gebrauchen, die hier alle Tage gesprochen wird. Humor des Verrats.

In dem berichteten Experiment waren die einzigen, die nicht düpiert wurden, die einzigen, die unter den Kranken die Eindringlinge der Vernunft zu erkennen vermochten, selbst Kranke. Beweis dafür, daß der "Irrtum" des Pflegepersonals nicht allein den Wirkungen einer induzierten Wahrnehmung geschuldet war. Und dafür, daß es vielleicht notwendig ist, unsere ältesten Überzeugungen umzustoßen, indem wir zugeben, daß die Verrückten (sie allein) sich ihrer Differenz uns gegenüber bewußt sind. Sie allein wären deren Meister: daher unsere Hast, sie unter unsere Kontrolle zu bringen und ihnen unsere Macht aufzuzwingen.

Ein anderes Beispiel. Einer der Pseudo-Kranken erzählt sein Leben. Er hat zunächst seine Mutter lieber gehabt, dann seinen Vater. Es passiert ihm, daß er sich mit seiner Frau streitet und ein paar Schläge an seine Kinder austeilt. Der Psychiater übersetzt: "affektive Ambivalenz". Das ist nicht bloß ein Irrtum hinsichtlich des Maßstabs, eine lächerliche Überzeichnung der Wahrnehmung. Ein wechselndes Gefühl oder eine Zorneswandlung als Symptom für Schizophrenie zu nehmen, bedeutet zugleich, daraus ein Kennzeichen des Wahnsinns zu machen. Es bedeutet, ein Machtverhältnis zu etablieren, das es gestattet, zu isolieren, einzusperren, die Rechte zu suspendieren und das Leben zu unterbrechen. Es bedeutet außerdem, ein Stigma aufzuprägen, das nicht mehr ausgelöscht werden kann: "Du bist verrückt gewesen. Du wirst also bis ans Ende deiner Tage derjenige sein, der verrückt gewesen ist." In der Ordnung der Geisteskrankheit verifiziert sich das Symptom nicht - es brandmarkt. Übrigens sagen das die Ärzte des hier berichteten Experiments selbst: wenn sie die Geheimagenten der Normalität auf ihre ursprüngliche Affektation hinweisen, haben sie präzisiert:" Schizophrene während des Abklingens".

Man sieht: das sind keine Irrtümer der Wahrnehmung; das sind Machtverhältnisse, die sich im gesamten Verlauf des Experiments verraten. Machtverhältnis die Tatsache, daß man die Kranken nicht in Betracht zieht; Machtverhältnis die Tatsache, daß der Arzt "schreibt", während der Kranke, wenn er zum Stift greift, nichts als ein "Gehabe des Schreibens" an den Tag legen kann. Und nebenbei, es genügt, sich vorzustellen, was geschehen wäre, wenn die Pseudo-Patienten über das Experiment nicht auf dem Laufenden gewesen wären. Wenn sie gegen ihren Willen ins Hospital gebracht worden wären. Und wenn sie, anstatt sich "normal" zu benehmen - kurz, die Normalität oder die Geduld, das Entgegenkommen, die Kooperation zu simulieren -, sich verhalten hätten wie Sie und ich an dem Tag, an dem wir ohne es zu wollen eingesperrt werden. Glauben Sie, daß Sie da gegen Ende eines Monats herausgekommen wären? Wenn Schreiben da drin zu einem "Gehabe des Schreibens" wird, was würde es dann erst bedeuten, wütend zu werden, oder einen Schlag in die Fresse zu verpassen? Ich weiß nicht, was das wissenschaftliche Schicksal dieses Experiments sein wird. Ich glaube nur, daß man dazu ermutigen muß, es zu verallgemeinern, und dazu, es überall, wo es möglich ist, wieder aufzunehmen. Überall dort, wo eine Macht sich in der Gestalt des Wissens, der Justiz, der Ästhetik, der Objektivität, des kollektiven Interesses verbirgt, muß ein kleiner schwarzer Kasten angebracht werden, Falle zugleich und Entlarvung, in dem die Macht sich unverhüllt einschreibt und sich in ihrem eigenen Spiel verfängt. Ich denke da an eine Variante des amerikanischen Experiments: heimlich in ein Team ärztlicher Psychiater Leute einer analogen sozialen Gruppe einschleusen - Ökonomen, Rechtsanwälte, Ingenieure -, die man innerhalb von drei Wochen eingeführt hätte in das Vokabular und die grundlegenden Techniken der Anstaltspsychiatrie.

Wer würde sie erkennen? Man kann Fallen erdenken, die ätzen und schreiben machen: da ist die Geschichte jenes Patienten, der eines schönen Tages mit einem Tonbandgerät zu seinem Psychoanalytiker gekommen ist, mit Bedacht die Tür verschlossen und gesagt hat: "Nun ist es an Ihnen, zu sprechen, an Ihnen, zu antworten - ich zeichne auf", solange und so sehr, daß der Psychoanalytiker ans Fenster gestürzt ist, um die Polizei zu rufen. Es gäbe da tausend mögliche Köder, die man sich vorstellen kann. Ich denke an eine Gruppe von Rechtsanwälten, entschlossen, sich systematisch in ihren Klienten zu täuschen, sie plädieren für den Staatsanwalt, dessen Willfährigkeiten, Rechtsbeugungen, politischen Kriechereien und berufliche Fehler sie sorgfältig berichten; und sie fordern vom Gericht, ihm mildernde Umstände zuzugestehen aufgrund seiner unglücklichen Kindheit, der Entzweiung seiner Eltern und der merklichen Verzögerung seiner geistigen Entwicklung.
Alle Projekte dieser Ordnung werden selbstverständlich geheim bleiben müssen und sollten - da sie große Sorgfalt und und eine Vielzahl von Mitteln erfordern - organisiert werden von einem Zentralbüro für institutionelle Herausforderungen. Seine Aufgabe: die Köder auszulegen, die dazu dienen sollen, in ihren tausend Formen die unerträgliche Macht, die uns überwacht und kontrolliert, in einen Hinterhalt zu locken.

Aus dem Französischen von Hans-Joachim Metzger

Quellennachweis

1. La charnière des prisons,
in: Magazine littèraire, No. 112/113, Mai 1976
2. Les prisons aussi...
vervielfältigtes Manuskript, o. O., o. J.
3. Les deux morts de Pompidou
in: Le Nouvel Observateur, No 421, 1972
4. Le discours de Toul
in: ebenda, No. 372, 1972
5. Entretient sur la prison: le livre et sa methode
in: Magazine liitèraire, No. 101, Juni 1975
6. Des supplices aux cellules
in: Le Monde, 21.5.1975
7. Michel Foucault on Attica: An Interview
in: Telos, No. 19, Frühjahr 1974
8. Crimes et chatiments en URSS et ailleurs
in: Le Nouvel Observateur, No. 585, 1976
9. L'extension social de la norme
in: Politique hebdo, No. 212, 1976
10. Sorcellerie et folie
in: Le Monde, 23.4.1976
11. Medicine et lutte de classe
in: La Nef, No. 49, 1972
12. Convoquès à la P. J.
in: Le Nouvel Observateur, No. 468, 1973
13. Pouvoir et corps
in: Quel corps?, No. 2, Sept/Okt. 1975
14. Le Pouvoir et la norme,
in: Deleuze/Foucault, Melanges: Pouvoir et surface, o. O., o. J. (Vorlesung am College de France France 1973)
15. Sur la selette
in: Les Nouvelles Littèraires, 17.3.1975
16. En guise de conclusion
in: Le Nouvel Observateur, No. 435, 1973

MERVE TITEL

59 Deleuze/Guattari/Jervis u.a., Anti-Psychiatrie und Wunschökonomie
60 Poulantzas/Miliband/Laclau, Kontroverse über den kapitalistischen Staat
61 Foucault, Mikrophysik der Macht. Über Strafjustiz, Psychiatrie und Medizin
62 Irigaray, Waren, Körper, Sprache. Der ver-rückte Diskurs der Frauen
63 GRIF, Essen vom Baum der Erkenntnis. Weibliche Praxis gegen Kultur
64 Negri, Staat in der Krise
65 Lowien, Weibliche Produktivkraft. Gibt es eine andere Ökonomie?
67 Deleuze/Guattari, Rhizom
68 Deleuze/Foucault, Der Faden ist gerissen
69 Lyotard, Das Patchwork der Minderheiten
70 Guattari, Mikro-Politik des Wunsches
71 Cixous, Die unendliche Zirkulation des Begehrens. Weiblichkeit in der Schrift
72 Kollektiv A/traverso, Alice ist der Teufel. Praxis einer subversiven Kommunikation
73 Böckelmann, Kamper, Künzel u.a., Das Schillern der Revolte
74 Jervis/Rella, Der Mythos der Antipsychiatrie
75 Lyotard, Intensitäten
76 Leggewie(Hg.), Der Wahlfisch. Ökologie-Bewegungen in Frankreich
77 Foucault, Dispositive der Macht. Über Sex, Wissen und Wahrheit
78 Wolton(Hg.), Underground im Ostblock. Rock-Szene, Tramps, Schwarzmarkt, Korruption, Witze
79 Baudrillard, KOOL KILLER oder Der Aufstand der Zeichen
80 Virilio, Fahren, fahren, fahren
81 Baudrillard, Agonie des Realen
82 Irigaray, Das Geschlecht, das nicht eins ist
83 Klossowski, Bateille, Blanchot, Deleuze, Foucault, Sprachen des Körpers. Marginalien zu P. Klossowski
84 Nietzsche, ein Lesebuch von Gilles Deleuze
85 Baudrillard, Der Tod tanzt aus der Reihe
86 Klossowski, Mythische und kultische Ursprünge bestimmter Sitten römischer Damen
87 Charles, John Cage oder Die Musik ist los
88 Lyotard, Apathie in der Theorie
89 Barthes, Was singt mir das Lied

TUMULT, Zeitschrift für Verkehrswissenschaft, No 1